上海市高水平地方高校建设项目
监狱学方向

刑事政策论坛

第七辑

严 励／主编

XINGSHI
ZHENGCE
LUNTAN

中国法制出版社
CHINA LEGAL PUBLISHING HOUSE

序

我国业已进入经济社会发展的深化改革阶段，面对经济发展的新常态和社会的加速转型，社会矛盾进一步凸显，刑事犯罪也时有发生，对社会治安和社会秩序造成扰乱，犯罪、刑罚乃至与之相关的国家社会治理、社会秩序调试等问题越来越受到关注。刑事政策研究作为提供犯罪治理、秩序与惩罚的智慧来源，也日益成为重要的理论研究领域。刑事政策具有自身独特的研究视角、分析框架和价值标准，其研究视角由传统的打击犯罪和惩罚犯罪逐渐转向预防控制犯罪和归化犯罪人，其分析框架由单一的应对犯罪策略分析逐渐转向多元的战略决策和综合治理方略分析。从广义的角度来看，刑事政策研究与规范刑法学研究、犯罪学研究、政治学研究、社会学研究都具有天然的亲和力，但又与之相区别，刑事政策研究可以在共识中坚持自身立场、在区别中寻找共同取向。

党的十八届四中全会作出了《中共中央关于全面推进依法治国若干重大问题的决定》，决定指出，依法治国，是坚持和发展中国特色社会主义的本质要求和重要保障，是实现国家治理体系和治理能力现代化的必然要求，事关我们党执政兴国，事关人民幸福安康，事关党和国家长治久安。刑事政策以其独有的兼顾刑事法律与政治决策双重资源的优势，在依法治国的框架内为刑事治理法治化、科学化作出无可代替的贡献。

近年来，我国刑事政策研究取得了令人瞩目的成果，特别是随着我国刑事法治的不断进步，刑事政策研究呈现出加速发展的趋势。刑事政策研究的各种观点推陈出新、概念体系不断明晰、研究视野逐步扩大、人文品质稳步提升，刑事政策研究在学术品格和社会影响力上取得了跨越式进步。当代世界已经进入全球化、一体化的新时期，我国刑事政策的理论与实践与世界其他国家的联系也日益密切，我国许多刑事政策的观点和实践借鉴了其他国家，同时我国亦有许多观点和做法影响着其他国家。可以预见，随着世界各国交流日益深入，各国在刑事政策领域的相互学习和借鉴将越来越多，刑事政策的全球化、一体化也将日益完善。

刑法学是上海政法学院传统优势学科。2009年6月，刑法学被上海市教委确定为第五批重点建设学科。2011年，获国家批准设立刑法学硕士点，于2012年开始招收刑法学硕士研究生。“十二五”内涵建设期间，刑法学学科又被上海市教委纳入一流学科建设规划。2015年获得上海市教委高原学科建设项目，刑事政策研究是上海政法学院刑法学学科具有引领意义的研究方向之一，研究水平居于全国领先地位，研究成果在全国具有较大认可度。

为进一步拓展学术影响力、打造学术交流平台，上海政法学院刑法学学科出版了具有鲜明特色的《刑事政策论坛》等出版物，《刑事政策论坛》以广义刑事政策为视角，以汇集刑事政策理论研究和实践经验为主要内容，同时兼顾诸学科涉及刑事政策的学术探索，期望能为广义刑事政策领域研究者提供一个交流平台。《刑事政策论坛》至今已经出版六辑，第七辑以风险社会与刑事政策的选择与应对为主题，侧重以风险社会理论为基础来梳理刑事政策的发展及趋势。本书遴选国内刑事政策研究领域知名专家学者有关风险社会与刑事政策研究的学术成果，对风险社会与刑事政策变迁、风险社会与刑事立法问题、风险社会与网络金融犯罪、风险社会与人工智能研究等诸多前沿问题进行探讨。本书尝试将刑事政策研究与风险社会理论相结合，针对社会发展过程中出现的新问题，从刑事立法和刑事司法不同层面探讨解决办法与应对措施，冀望这一尝试能够为刑事政策理论研究与实践发展提供更为广阔的思路，冀望能够促进刑事领域整体法治进步与国家治理能力、治理体系现代化的发展。

严励

2022年10月

目　　录

我国网络犯罪刑法前置化的立法反思

——兼论对国际网络空间治理的贡献

李兰英*

随着信息技术的不断发展，计算机和网络成了历史上对人类影响最深远、意义最重大的技术创新活动，但正如乌尔里希·齐白所言："正在兴起的信息社会正在创造新的经济、文化和政治机会，但它同时也引发了新的风险。"〔1〕以电子计算机为代表的第三次科技革命为例，其在使得人们沟通交流方式更加多样、获取信息渠道更加多元的同时，也使得国内的高发犯罪类型，从以往的人身、财产等"一对一"犯罪形式，变为以信息网络技术为媒介的"一对多"犯罪形式。正如迪尔凯姆所言，"犯罪推动社会发展、法律进步〔2〕"。根据第43次《中国互联网络发展状况统计报告》可知，截至2018年12月，我国网民规模达到8.29亿人次〔3〕，仅2017年至2018年，全国新增的网民数量即达到5653万人次。因此，中国作为网民及网络犯罪受害者较多的国家，在网络犯罪数据选取比较方面有

---

* 李兰英，厦门大学法学院教授、博士生导师，经济犯罪研究中心主任。

〔1〕［德］乌尔里希·齐白：《全球风险社会与信息社会中的刑法》，周遵友、江溯等译，中国法制出版社2012年版，第10页。

〔2〕［法］埃米尔·迪尔凯姆：《社会学方法的规则》，胡伟译，华夏出版社1999年版，第36页。

〔3〕中国互联网络信息中心：《中国互联网络发展状况统计报告》，中国信息产业部2019年。

着较外国更为丰富的样本资料，在刑事立法的价值取向及技术手段上，也属于全球较早采取“预防刑法”立法理念和采用“预防刑法”立法技术的国家。

“没有网络安全就没有国家安全”这一构建中国网络空间安全战略的出发点，一方面要求我们改变以往仅约束传统犯罪的立法条文，另一方面也要求我们在打击犯罪的过程中更加注重国际区域交流配合。因此，如何完善国内立法及如果衔接国际公约，使得网络犯罪在国内立法和国际公约的双重打击下得到良好约束，成为我国目前网络犯罪治理的重要问题，这对于中国维护社会稳定、国家安全和国际和平有着重大意义。

一、网络技术的发展及犯罪形式的演化

计算机与网络虽为同一时期的技术变革产物，在发展阶段中，二者也往往体现着“常发常伴随”“先发后更新”的发展趋势，但是由于在不同时期，两者间结合深度、广度和密度不同，网络犯罪中计算机网络的地位也从“犯罪对象”变为“犯罪工具”。随着“三网”间融合度的不断加强，“网络空间”逐渐变为并行于“物理空间”的新犯罪领域，网络犯罪成为一种虚拟空间下的“真实犯罪”。网络技术发展下计算机网络的不同地位，意味着刑法保护法益的改变和立法规范的调整，因此，厘清网络犯罪的阶段类型及犯罪特征，成为研究网络犯罪的首要任务。

（一）网络犯罪1.0阶段：以联为主的网络定位

早期的计算机网络犯罪立法以“系统安全”为关注起点，在立足于保护“计算机网络信息数据”安全的法益下，将打击重点主要设置在保护计算机信息系统安全的层面上。主要通过增设罪名来保护新法益，并在司法具体适用过程中通过扩大解释的方法来实现对犯罪对象外延和内涵的

拓展。如《刑法》第285条规定的非法侵入计算机信息系统罪，其要求犯罪行为人意在“获取国家事务、国防建设、尖端科学技术领域的信息”，采取“侵入”犯罪手段，以获取信息。虽然学界对于该类条文的合理性也有诸多质疑，许多学者认为仅有恶意侵入才可能造成严重的危害后果[1]，使得获取的信息转化为直接的社会危害结果，这一概括打击的方式，不利于保护“善意侵入人”的合法权利。但是由于计算机犯罪具有高智能技术性、极度隐秘性、长期潜伏性、瞬间爆发性等特征，对非法侵入行为作为一种具有相当社会危害性与高度潜在危险性的危险行为概括打击、统一规制，有利于全面切实地保护计算机网络安全。同时，该立法作为我国对于计算机犯罪的第一条立法，将“侵入”这一预备行为上升到正犯高度，也首开网络犯罪立法的先河，体现出立法的前瞻性和立法技术的科学性。

（二）网络犯罪2.0阶段：以互为主的网络定位

21世纪后，信息网络服务不再由单一服务器发出，终端通过物联网设备，提供互动平台以实现网络的“扁平化”和“点状化”，使得网民和网络及网民彼此间拥有了互动的基础技术和物联平台。由于以往的计算机犯罪要求犯罪者具有较高的计算机技术水平，且犯罪收益往往体现为部分机密信息，难以被一般人转化为实际价值。因此，当计算机网络实现网际互动之后，高端犯罪者将计算机作为犯罪工具来侵害大量物联网设备，以实现对犯罪对象的高覆盖，如“肉鸡”技术即黑客通过控制一个服务器的终端使其软件感染，从而攻击该设备控制的所有物联网设备，包括计算机、路由器、摄像头等；又如恶意挖矿技术，黑客通过攻击网络的CPU系统，将恶意脚本加载浏览器之中，使得访问者网络被感染，从而利用被感染的网络进行数字资产货币挖矿。同时，“点对点”的计算机网络系统

〔1〕 王松江：《计算机犯罪的概念——兼评新刑法对计算机犯罪的规定》，载《法制与社会发展》1997年第3期。

也使得一般的犯罪者拥有了犯罪的可能，比如借助计算机的隐蔽性，侵害网络用户的财产的犯罪，如欺诈、传销等。有人认为，此时网络犯罪的定义也发生了改变，主要指以网络作为犯罪工具的网络犯罪，传统犯罪内部的构成要件要素、犯罪形态等均产生了不同于过去的新的表现形式，传统犯罪逐渐开始“网络异化”。根据网络利用手段的变化，《刑法》也及时予以回应，第287条规定了利用计算机信息系统实施犯罪这一罪名，以规范制作、发布、传播网络技术、网络信息终端、网络信息平台的行为，虽然此类行为并不直接侵害计算机信息系统或者网络安全，但是为计算机信息系统以及网络实施相关其他后续犯罪行为创造了条件或者提供了工具〔1〕，因此刑法仍决定对该类行为加以约束。虽然学界对于该罪的制定也有很多反对意见，如张智辉教授曾表示：“该犯罪的设立违背了刑法的谦抑精神，在实践中难以进行有效的追诉。”〔2〕但在网络安全犯罪形式高发的情况下，由于预备行为与实行行为间的距离并不再像传统以往犯罪一般，而是呈现出时空的同步性，且基于其内在关联往往不易证明的现实考量，将该类极具危害性和危险性的犯罪行为独立惩罚并不违反刑法的谦抑性。作为网络犯罪刑事立法中最为体现“积极一般预防”的罪名，将网络犯罪中危险性较高的预备行为独立处罚，以实现针对网络犯罪的提前预防和有效预防，标志着我国刑事法律对于网络犯罪预备行为入罪的新常态化趋向。

（三）网络犯罪3.0阶段：以散为主的网络定位

在前两个阶段中，网络犯罪主要从单个的计算机犯罪变为计算机局域网的犯罪，然而在第三个阶段中，由于网络的影响范围逐渐增大，网络犯罪逐渐从最初的计算机技术领域扩张到社会的不同领域，因此国际互联网

〔1〕 孙志刚：《网络预备犯罪行为的法教义学分析》，载《刑法论丛》2016年第2期。
〔2〕 张智辉：《试论网络犯罪的立法完善》，载《北京联合大学学报》2015年第2期。

社会犯罪成为20世纪10年代以来的最新犯罪形态。在第三个阶段，犯罪者的犯罪机会从最初的入侵，或者二期的截取、盗窃变为传播，犯罪行为也从以往的黑客入侵、病毒行为，和二期的身份盗窃、商业秘密盗窃升级为网上性交易、散播仇恨言论等更具扩散性的犯罪行为。网络使得人类社会的方方面面都刻上了网络的烙印，网络社会成了与人类现实社会并存的“双层社会”，网络空间成了一个全新的犯罪场域。网络不再仅被当作传统犯罪中的计算机信息系统因素，仅在定罪和刑期上被法官加以考量，而是成了犯罪的独有温床和土壤，几乎对传统的定罪量刑标准等规则体系起到了颠覆性的作用。对此，根据《刑法修正案（九）》，在第287条之一规定，设立网络、通讯群组、发布信息等预备行为，若为实施相关违法犯罪活动的，成立单独犯罪。这一规定将带有网络犯罪中技术帮助行为、技术支持行为等诱发、推动或促成网络犯罪的“预备行为”，彻底纳入法网。当然，这种“法益前置化保护”在净化网络不良风气和维护网络空间安全方面有着较大的作用，也对潜在的网络危害行为形成了积极的防御效果，但是也引发了个别学者对于“法益保护过度前置化”乃至“虚无化”的担忧。因此，约束网络犯罪中具有高度危险性的预备行为价值所在及如何约束，成了我国刑事立法法理层面及技术层面重要的研究课题。

二、立法技术的调整及刑法价值的转向

在刑事古典学派的眼中，对犯罪者的惩罚是一件特别令人不安与沮丧的事情，因此，在传统刑法中，立法者始终将重点放置于“行为矫正”和“回归社会”上，认为刑事的作用主要体现在“制裁”这一功能上。对应到国家在制度构建方面，立法者对于将社会问题纳入刑事程序进行处理持审慎的态度，因此，谦抑主义也始终被奉为刑法的一大原则。然而，随着风险社会的来临，刑法逐渐从传统刑法变为预防刑法，刑法的价值取

向也发生了极大的转变，刑法不再是社会治理的最后手段，而是综合安全治理的有力工具。虽然刑法的任务仍为保护法益，但是对于法益的不同理解和不同诠释，使得刑事逐渐变为社会安全强化工具有了合理性和合法性。其中，作为预防刑法首要代表的网络犯罪立法，则体现了极高的社会治理价值和风险预防意义，以及中国新刑事立法的优势所在。

（一）网络犯罪责任处置的调整：刑事立法前置化及全面化的技术调整

1. 共犯正犯化：法益保护前置

《刑法》第 287 条之二第 1 款规定："明知他人利用信息网络实施犯罪，为其犯罪提供互联网接入、服务器托管、网络存储、通讯传输等技术支持，或者提供广告推广、支付结算等帮助，情节严重的，处三年以下有期徒刑或者拘役，并处或者单处罚金。"由于网络犯罪需要以网络为媒介，因此，网络犯罪中任何实行行为都需要利用他人提供互联网接入、信息存储、通信传输等信息技术支持，因此，区别于以往帮助犯的"辅助作用"，网络犯罪中的技术帮助往往起到了推动犯罪的关键作用，具有更大的社会危险性。同时，由于犯罪预备行为和犯罪行为往往具有"常发常伴随"的时效同步性，因此，若依据传统刑法的规定，需证明帮助犯与正犯间的意思联络和行为的因果性才可定罪，在网络这一极具隐匿性的犯罪空间中，大量帮助犯极易借此侦查难度逃脱法网，不利于从源头上打击网络犯罪，维护社会安定，因此，立法者将帮助行为正犯化，不仅使得司法机关可以将此类帮助行为按照正犯触发的罪名加以处罚，还使得侦查机关的证明难度从以往的"意思联络+因果关系"变为仅需证明"存在相应的帮助行为"即可，从而通过追求共犯行为处罚的独立性，以实现法网严密的效果。

2. 预备犯实行化：刑罚处罚前置

1997 年《刑法》规定侵犯计算机信息系统罪，由于"非法侵入"这一预备行为所涉犯罪性质严重，一旦进一步实施或者实施完毕，危害性将呈指数倍升级且危害结果难以把握，因此将“侵入”这一预备行为上升到实行犯高度，进行刑事法网的全面打击。在《刑法修正案（七）》中增设的提供侵入、非法控制计算机信息系统的程序、工具罪，亦将“为他人犯罪技术提供”和“明知他人犯罪仍为技术提供”两种情形纳入法网进行打击。其中，“为他人犯罪技术提供”属于犯罪预备行为，但“明知他人犯罪仍为技术提供”则可能变为犯罪预备的预备行为，同时此种行为不仅带有预备性质，还带有帮助性质。因此，这一法条的提出一方面在1997年《刑法》的预备犯实行化的基础上，将预备行为的时间点进一步提前到“明知他人有犯罪（犯罪预备）行为”之前，另一方面也将帮助犯正犯化，以达到“共犯正犯化”和“预备犯实行化”的双重打击效果，以规制黑客工具泛滥状态下，对于非法侵入、非法控制网络系统行为的打击，从而在源头上遏制非法侵入和控制行为。到《刑法修正案（九）》，预备犯实行化又有最新体现，《刑法修正案（九）》中规定的非法利用信息网络罪在第1款、第2款、第3款分别规定了“设立用于实施诈骗、传授犯罪方法……”“发布有关制作或者销售毒品、枪支、淫秽物品等违禁品”“为实施诈骗等违法犯罪活动发布信息”，概括地将“本人自我技术提供”的犯罪行为和“为他人犯罪技术提供”的犯罪行为统一纳入法网，同时将打击面从以往的“犯罪行为”上升到“违法行为”，通过刑罚处置前置手段，扩大法益保护范围。

总体比较可得，我国在预备行为正犯化这一立法技术领域，经历了“打击预备行为”到“打击更为提前的预备行为+共犯正犯化和预备犯实行化双重打击”再到“打击自我提供和为他人提供两种预备行为+刑罚处罚前置化和法益保护前置化的双重打击”，采取刑罚处罚前置化手段，从而对更多犯罪行为实现更早、更全面的打击，最终完全并超前保障法益。

3. 网络服务提供者义务扩张化：平台责任的加强

《刑法》第286条之一规定："网络服务提供者不履行法律、行政法规规定的信息网络安全管理义务，经监管部门责令采取改正措施而拒不改正，有下列情形之一的……"对网络服务提供者等第三方平台设计了新的刑法义务：网络安全管理义务。由于在具体实践过程中，在网络犯罪打击方面，政府、社会的力量往往体现在后续制裁上，同时又由于网络具有匿名性和隐蔽性，抓捕犯罪人时，往往危害结果已经形成，无法对法益进行充分保护和对被害权利进行恢复。因此，刑法的打击理念应该从以往的加强事后打击方面，适当转向事前防卫阶段。而网络提供者（包括网络接入服务商、网络内容服务商、网络平台等〔1〕）作为信息媒介的控制者，具有信息集散、用户聚合的作用〔2〕，且在网络资源的掌握方面有着政府与社会群众难以比拟的信息优势和速度优势，因此如何发动网络平台这些网络中的"关键少数"，实现法律保护成了目前网络犯罪打击中的重要问题。对此，我国行政和司法机关主要采取正向鼓励及反向惩罚的方式规定了网络服务第三方平台的义务。一方面，2013年全国人大常委会在《全国人大常务委员会关于加强网络信息保护的决定》一书中鼓励"网络服务提供者发现法律、法规禁止发布或者传输的信息的，应立即停止传输该信息"，另一方面，《刑法修正案（九）》在第286条之一亦规定："网络服务提供者不履行法律、行政法规规定的信息网络安全管理义务，经监管部门责令采取改正措施而拒不改正……"从而督促网络服务平台协同政府、行业、社会等多方力量，切实保障网络安全。

（二）网络犯罪立法技术的优势：由惩罚型向预防型的刑法价值取向

古典主义刑法将其定位为社会防治的最后手段，将刑事制裁标榜为

〔1〕 郭旨龙：《预防性犯罪化的中国境域——以恐怖主义与网络犯罪为视角》，载《法律科学》2017年第2期。

〔2〕 李源粒：《网络安全与平台服务商的刑事责任》，载《法学论坛》2014年第6期。

“令人不安和沮丧[1]”的事情。故此，国家在制度建构方面始终将刑事制裁定位为“迫不得已”而采取的方法，尽量避免将社会问题纳入刑事程序进行处理。由此，刑法的谦抑性也上升为各国刑法的根本原则。然而，随着风险社会的来临，各方矛盾不断涌现，风险社会使得人类在各个方面都面临着侵害他人或被他人侵害的可能，由此，刑法的谦抑图像发生了结构性的转向[2]，将作为社会安全强化机制的工具加以适用，传统刑法的价值取向自此从惩罚型转为预防型。

预防刑法指的是以对安全的关注为基点，着重于防范潜在法益侵害风险，从而实现有效的社会控制的刑法[3]。区别于传统刑法，其预防效果并不依赖制裁措施所衍生的社会效果[4]，而是转为刑法的直接目的。这一点从《刑法修正案（九）》的立法草案中即可看出，保持“问题导向”的立法理念，让刑法参与解决社会问题，从而使刑法在维护社会主义核心价值观、规范社会生活方面发挥引领和推动作用。这一立法理念，推动了刑法立法的活性化，使得刑事立法观从传统的消极处罚变为积极立法。具体到网络犯罪的制定中，主要体现在以下几个方面：第一，扩张网络服务提供者的刑法义务。如在《刑法修正案（九）》第286条中，立法者通过规定拒不履行信息网络安全管理义务罪，对网络服务提供者强加了“网络安全管理”的义务，以维护信息网络安全。这种基于维护安全的政策考量，强化了第三方的管理义务，以促进服务平台积极履行管理义务的立法理念，无疑是预防刑法的逻辑思路。第二，扩大了对于中立的帮助行为的刑法规制。不论是2000年《全国人民代表大会常务委员会关于维护互联

〔1〕 David Garland, Punishment and Modern Society: A Study in Society Theory, Oxford: Clarendon Press, 1990, p. 1.

〔2〕 何荣功：《预防刑法的扩张及其限度》，载《法学研究》2017年第4期。

〔3〕 姜敏：《法益保护前置：刑法对食品安全保护的路径选择——以帮助行为正犯化为研究视角》，载《北京师范大学学报（社会科学版）》2013年第5期。

〔4〕 [德] 迪特尔·格林：《宪法视野下的预防问题》，刘刚译，载刘刚编译：《风险规制：德国的理论和实践》，法律出版社2012年版，第87页。

网安全的决定》还是2012年《全国人大常务委员会关于加强网络信息保护的决定》，均对为他人提供互联网接入、服务器托管等中性技术服务行为进行了刑事层面的约束，使得法益保护前置到技术接入时点。第三，结果犯到行为犯的转变。《刑法修正案（九）》在第287条之一非法利用信息网络罪中，规定："利用信息网络实施下列行为之一，情节严重的，处三年以下有期徒刑或者拘役，并处或者单处罚金……"将该罪设置为行为犯，一方面，简化了司法中对该类行为的犯罪事实证明标准和证明程序；另一方面，也使得刑罚处罚的时点进一步提前，体现了预防刑法的立场。

"预防刑法"的观点有利于控制法益侵害危险，通过刑法实现对法益侵害危险的有效预防和控制，在危险预防和规范效率方面有着传统刑法学难以比拟的优势。在风险社会，预防刑法成为预防危险、追求安全和助力社会控制的首要选择，将国家的刑法之手从特殊犯罪领域伸向一般社会生活领域，将大量帮助行为、预备行为、中立行为正犯化，从而使得国家更有力地向国民展现刑法的担保意识，展现国家对国民负责的姿态，满足国民对安全的渴望。

（三）网络犯罪立法理念的风险：法益理论的失控

预防刑法最大风险在于对法益理论的破坏。在传统刑法的框架中，法益被当作欧洲法律文化奉上的最为重要的馈赠之一[1]，个中原因在于法益在传统刑法之中主要承担的是证明国家刑罚干预合理性的功能，因此，在法益证明下的立法条文往往具有确定性，在抑制刑罚发动上有着较强的预防效力。但是，在预防刑法中，法益变为立法的背书，政策性观点可以通过结合危险性和效率性的论据，积极证成刑罚权的扩张，使得刑罚的扩张变得恣意起来，甚至陷入法益虚无化的陷阱之中。正如哈赛莫尔所言，国家这个利维坦有两张面孔，一方面是养育公民，为公民提供保护和帮

---

〔1〕［德］克劳斯·罗克辛：《对批判立法之法益概念的检视》，载《法学研究》2015年第1期。

助；另一方面是过于庞大的国家权力威胁着公民的自由和财产权[1]。因此，针对预防刑法下可能导致的法益虚无化主要有以下几种解决方法：（1）明确刑法在法律体系的定位，从而限定刑法的干预边界。刑法的规范边界是人类共同经验核心领域所扎下的根基[2]，因此在刑法的立法上可以取用相对激进的预防刑法观，但是坚持刑法的定位，有利于约束刑法的边界，使得刑法不至于过度行政化，使其与警察法的边界日益模糊，对法益保护的时点过于前置以至于虚无。（2）坚持比例原则，从“限定的处罚”变为“妥当的处罚”[3]。一方面，为了更好地面对强烈的社会需求，刑法不应再作为社会政策之最后手段来应对社会风险；另一方面，也不应该将其当作最优先手段来解决社会问题和调整社会关系。只有在立法上对增设轻罪保持积极态度，在实务中贯彻好比例原则和谦抑性原则[4]，才能在解决社会矛盾的同时，预防立法功能化扩张的风险。（3）增加适用条件，以约束预防刑法的处罚扩张。在立法过程中，增设“重大危险要件”“预防要件”和“可归责”的限制要件，有利于防止国家在任何场合都可以获得刑罚惩罚危险行为的权力，以稳固刑罚规范，防止个人或者社会在将来遭受现实的损害[5]。

三、公约制定的原则及中国经验的提出

随着网络技术的不断革新，网络犯罪的“区域化”难以再被“物理意义上”的“国界”限制。网络犯罪成了国际性的新型高发犯罪类型，

---

〔1〕［德］哈赛莫尔：《面对各种新型犯罪的刑法》，载《明德刑法学名家讲演录》（第1卷），北京大学出版社2009年版，第167页。

〔2〕［挪威］尼尔·克里斯蒂：《犯罪控制工业化》，胡菀茹译，北京大学出版社2014年版，第67页。

〔3〕张明楷：《网络时代的刑法理念——以刑法的谦抑性为中心》，载《人民检察》2014年第1期。

〔4〕周光权：《积极刑法立法观在中国的确立》，载《法学研究》2016年第4期。

〔5〕［德］克劳斯·罗克辛：《对批判立法之法益概念的检视》，载《法学研究》2015年第1期。

如何保障国家网络安全也成了各国在针对犯罪预防及犯罪控制上必须考量的重大问题。

在法律层面上，建立具有法律约束力的国际网络犯罪公约无疑是目前构建全新的网络犯罪国际治理机制行政和司法层面统一上的最优选择。2001 年《网络犯罪公约》（也称布达佩斯公约），成为世界上第一部网络犯罪的公约。但其在主要记载核心内容的第二章国家层面的措施中，仅规定了四大类犯罪，即，一是侵犯计算机数据和系统可信性、完整性和可用性的犯罪，如非法入侵、设备滥用等；二是计算机相关犯罪，包括计算机相关诈骗和伪造罪；三是与内容相关的犯罪，指的是与儿童色情相关的犯罪；四是与侵犯著作权有关的犯罪。《网络犯罪公约》虽然在大方向上规定了极具代表性的犯罪，在国内转化上也表现出了极高的效率性，但其从实体上多为类型概念立法，难以匹配高度发展的网络时代下多样化犯罪行为的规范需求，从程序上又过度追求效率而未考虑转化后的实际效果如何。有人认为，事实上，由于《网络犯罪公约》这一国际网络犯罪立法追求过高的技术性立法方式，使得内容上早已偏离了当下最新的罪情发展。举例言之，《网络犯罪公约》规定了 9 种犯罪，其中“非法访问”“非法监听”“数据干扰”“系统干涉”“设备滥用”这五种犯罪规范，还停留在将计算机网络当作犯罪对象的网络犯罪 1.0 阶段，而其他四种“计算机伪造”“计算机诈骗”“有关儿童色情的犯罪”“有关版权或邻接权”的犯罪规范，又停留在将计算机网络当作犯罪工具的网络犯罪 2.0 阶段，对于将计算机网络当作独立犯罪空间的 3.0 阶段的新犯罪行为特点，没有相应立法予以对应，且在许多犯罪中更多地体现了发达国家的国家立场〔1〕。换言之，该类犯罪的设定更多的是基于对发达国家的犯罪现状的打击需求加以设计，仅规定此类发达国家多发的犯罪类型，并将其当作“代表性”犯

〔1〕《韩国儿童色情片全球第六或引发针对儿童的性犯罪》，载河北新闻网，http：//world.hebnews.cn/2012-09/04/content_ 2834789.htm，最后访问时间：2019 年 5 月 19 日。

罪适用于全球领域，对于一些发展中国家的网络犯罪治理，难免有打击面过窄，适用效率较低等问题。

凡益之道，与时偕行。互联网虽然是无形的，但是运用互联网的人们都是有形的，互联网作为人类共同的家园，将其变得更为美丽、更为干净、更为安全成了国际社会的共同责任和打击犯罪的共同需求。因此，如何共同推动网络空间互联互通、共享共治，如何共同构建更加和平、安全、开放、合作的网络空间〔1〕成为协定新《网络犯罪公约》的关键问题。

（一）坚持四大原则：网络犯罪公约的程序保障

1. 尊重网络主权：发展共同推进的前提

公约的应然效力主要靠国际对"公约"法律价值和法律意义的认可，但实然效力则依靠公约内容的有效性和适用性。由于国际公约具有国际范围内的适用效力，因此，修订更为宏观和精准的网络条款，使得各国高发犯罪均能得到规范，成为协商新《网络犯罪公约》的应有之义。这一目的的达成，首先要求各国具有平等表达的权利保障。因此，尊重他国网络主权，保障他国对于网络犯罪的行为理解和立法思考自由表达的权利，是协商建立合法有效的新《网络犯罪公约》的前提，有利于后续具体公约的磋商与制定。

2. 维护和平安全：安全共同维护的理念

2013年"斯诺登事件"被披露后，一方面使得各国纷纷立法将网络安全纳入国际总体安全的范畴之中，另一方面也让国家对于网络安全立场和态度发生了极大的转变。多个国家有制定国际公约、形成国内立法的内

〔1〕《收藏！习近平谈携手共建网络空间命运共同体的这些金句》，载中国网，http://guoqing.china.com.cn/2019zgxg/2019-10/18/content_75314052.html，最后访问时间：2019年10月18日。

部安全保障需求，因此，确立“维护和平安全”这一共同的制定理念，有利于后续公约内容制定的价值标准和立场倾向。

3. 促进开放合作：治理共同参与的途径

从全球范围内多个国际和地区组织，围绕加强网络安全举办各类论坛及峰会可知，加强国际合作，促进开放合作成为目前国际社会讨论现象、解决问题、表达立场、制定规划的必要前提，也是保障在犯罪共同治理问题中各国共同参与的途径。因此，促进开放合作这一原则的确立，有利于发动各国特有力量从而以“拳头”姿态共同打击犯罪行为人。

4. 构建良好秩序：成果共同分享的表现

网络空间命运共同体是目前世界绝大多数国家都赞同的网络新形势，网络空间犯罪国际化是目前世界绝大多数国家都面临的网络新问题，若问题得以良好解决，网络空间新秩序则会成为目前世界绝大多数国家共享的治理新成果。因此，坚持构建良好秩序的原则，有利于各国在协商公约的过程中表现出更好的合作态度和更多的共识体现。

（二）提出五点主张：网络犯罪公约的实体保证

1. 加快全球网络基础设施建设，促进互联互通

网络价值的核心在于互联，信息价值的核心在于互通。加强信息基础设施建设，铺就信息畅通之路，有利于缩小国家间、地区间、人群间的信息鸿沟，保障信息资源充分涌流。加快全球网络基础设施建设有利于提高网络信息全球化的高覆盖，若想让更多发展中国家和人民接触到互联网带来的发展机遇，各国必须协同合作，加大资金投入，加强技术支持，共同推动全球网络基础设施建设，让更多人用上互联网。

2. 打造网上文化交流共享平台，促进交流互鉴

网络作为信息传输介质，是传播人类优秀文化、弘扬正能量的重要载体，也是国际重要的交流桥梁。各国共同打造网上文化交流平台有利于发

挥互联网传播平台优势，使得国家间文化交流方式更为多样，效果更为突出，从而共同推动网络文化繁荣发展，丰富人们精神世界，促进人类文明进步。

3. 推动网络经济创新发展，促进共同繁荣

坚持创新驱动发展，开拓发展新境界是各国解决共同面临的世界经济形势"下行"的关键举措。因此，推动网络经济创新发展，加强"数字网络"建设，发展分享经济，支持基于互联网的各类创新，提高经济发展质量和效益，如发展跨境电子商务、建设信息经济示范区等，有利于促进世界范围内的投资和贸易发展，推动全球数字经济发展，促进各国经济发展，从而实现共同繁荣。

4. 保障网络安全，促进有序发展

安全是发展的保障，发展是安全的目的。[1]目前网络犯罪高发，网络犯罪的全球化趋势使得网络犯罪不再是一国内的重大问题，而变为全球性挑战，没有哪个国家能够置身事外、独善其身。因此，各国应携手努力，共同遏制信息技术滥用，反对网络监听和网络攻击等，健全打击网络犯罪司法协助机制，以维护网络空间和平安全。

5. 构建互联网治理体系，促进公平正义

国际网络空间治理，应该坚持多边参与、多方参与，由大家商量着办，发挥政府、国际组织、互联网企业、技术社群、民间机构、公民个人等各个主体作用，不搞单边主义，不搞一方主导或由几方凑在一起说了算。[2]。各国应该加强沟通交流，完善网络空间对话协商机制，研究制定全球互联网治理规则，使全球互联网治理体系更加公正合理，更好地平衡大多数国家意愿和利益，更好地实现新《网络犯罪公约》的实际效果。

〔1〕《习近平就共同构建网络空间命运共同体提出5点主张》，载新华网，http：//www.xinhuanet.com/world/2015-12/16/c_ 128536396.htm，最后访问时间：2015年12月16日。

〔2〕《深度解读习近平提出的互联网发展四项原则和五点主张》，载央视网，http：//news.cntv.cn/2015/12/17/ARTI1450316815848330.shtml，最后访问时间：2015年12月17日。

（三）展现三个优势：网络犯罪公约的中国贡献

1. 法益保护前置化

法益保护的前置化是指刑法保护的范围由个人法益向功能法益或制度法益上提前，也将这种制度性的、超个人法益称为“集体法益”。我国《刑法》基于法益保护的立法理念，创造性地将共犯单独规定在分则中正犯化。原因在于，以电信诈骗案件为例，在这类犯罪中提供网络器材的人、发布诈骗信息的人、办理冒名信用卡的人以及最后提取赃款的人，各个环节之间存在独立性，互相之间没有意思的联络是很正常的事情。若仍遵从传统刑法，帮助犯往往因为依附于正犯这一特定而很难被处罚，具有打击面过小的问题，因此我国刑法将帮助犯这种共犯单独规定于刑法分则中，有独立的犯罪构成，帮助行为就不再依附于正犯行为，也就消除了正犯与共犯在认定、处罚上的先后顺序，从而加强对网络犯罪的打击。

2. 刑罚处罚前置化

实质的预备犯与形式的预备犯相对应，形式的预备犯是刑法总则中规定的，是没有具体的行为类型的预备犯，这种预备犯的处罚要依附于其他犯罪。而实质的预备犯是指立法机关将相关犯罪的预备行为单独规定在刑法分则中，作为独立的犯罪处罚，这种立法模式又被称为预备行为的实行化。从法律规定上来看，我国刑法原则上处罚预备犯，但实践中，因为诉讼证明中存在困难也很少对预备犯处以刑事处罚，基本立场都是刑法应当处罚实行行为。所以，刑罚处罚的时点由实行行为向前移动到预备行为，是一种处罚前置化的表现。具体而言，以提供侵入、非法控制计算机信息系统程序、工具罪，非法侵入计算机信息系统罪和非法控制计算机信息系统罪，非法利用信息网络罪等罪名为例，将犯罪分子为违法犯罪活动设立网站和通信组的行为，为实施违法犯罪活动发布违法犯罪信息的行为，这些行为实质上是将为犯罪制造条件、准备工具的行为都认定为独立犯罪进行处罚，使得刑法处罚的时点前置，有利于更早地打击犯罪行为，保障网络安全。

3. 平台责任加重化

我国的历史经验中最为重要的一条为："发动群众的力量。"在网络犯罪打击中也可适当采取这类经验创作。在网络犯罪的打击过程中，一方面，要发动政府的行政效能，保证案件的查处打击及时，提醒社会做好防害预警；另一方面，也要鼓励行业自律，以平台规范为立足点，实现从上到下、上下协作的防治效果。因此，从积极方面，政府应该大力开展座谈会、企业交流会，实际了解平台管理困难，鼓励平台承担社会责任，履行监管义务；从消极方面，立法者也应该大力推进相关立法，对长期负有履行义务的平台进行严厉打击，从而实现平台的审慎监管义务。当然，这一义务的强加在法理上仍有缺陷，因此对于平台责任的追究也应有所限制，提高入罪门槛，以防止刑罚的恣意。

结语

网络犯罪的治理问题已成为网络社会背景下刑事法律所要面临的核心问题。针对网络犯罪形式不断调整，犯罪行为不断更新，犯罪手段不断升级，犯罪目的不断变化的犯罪形势，我国作为网络使用者和受害者较多的国家，在刑事立法方面积极提出举措，并出于维护社会安全和秩序的目的，针对网络犯罪的刑事立法由"回应式"的立法模式向"前瞻式"的立法模式转型，通过多种方式扩大网络犯罪的刑罚处罚范围，对网络犯罪可能侵害的法益进行提前保护。诚然，我国网络犯罪刑事立法发展呈现出网络犯罪的处罚范围不断拓宽这一特点，暂时达到了惩罚犯罪和保障个人权利的动态平衡效果。

无网络安全即无国家安全，网络犯罪已然成为各国均要面对的重大问题，因此一方面各国需要加强国内立法来应对现实风险，另一方面各国也应该积极协作，建立公约实现法网的严密性。由于早期公约已不具有高度的现实性，因此制定新公约势在必行。

对此，结合我国立法经验，建议国际公约在立法过程中可以考虑扩大法益保护范围，前置刑罚时点，加强平台责任，以实现打击犯罪的效果，促进国家乃至国际网络安全。

修好《监狱法》

——为建设中国特色社会主义现代监狱制度提供法治保障

张　晶*

《监狱法》于1994年12月29日第八届全国人民代表大会常务委员会第十一次会议通过，并于同日由中华人民共和国主席令第35号颁布实施。2012年10月26日第十一届全国人民代表大会常务委员会第二十九次会议通过修改决定，2012年10月26日中华人民共和国主席令第63号公布，自2013年1月1日起施行。2012年的修改是与《刑事诉讼法》一起进行的。修改的《监狱法》共涉及7条，主要内容是余刑收押、暂予监外执行、社区矫正和狱内侦查等。现行《监狱法》共七章78条。

《监狱法》的颁布实施标志着中国监狱工作走上了法治化的轨道。其历史意义和现实意义是多方面的：《监狱法》准确地界定了监狱机关的法律属性和法律地位，确立了国家监狱管理的基本体制架构以及经费保障，规范了监狱改造罪犯的基本法律规则规范，促进了监狱工作文明执法水平的大幅度提升。故而，《监狱法》也成为我国监狱工作由传统转向现代的基本标志。

《监狱法》颁布实施以来，我国政治经济社会发生了日新月异的变

---

* 张晶，江苏省监狱工作协会研究员。

化，监狱工作也不断面临新形势、新情况、新任务、新问题和新挑战。因此，修改《监狱法》是当下推进监狱改革发展的重要一环。

一、修改《监狱法》要把握好三个基点

法律是国家推进社会治理现代化的重要制度设计，尤其是刑罚执行作为国家事权，必须深刻把握其基点，为国家刑罚执行的统一化和规范化提供基本保障。

（一）坚持政治方向，体现“以人民为中心”的思想

修改《监狱法》，要把握好正确的政治方向，坚持以人民为中心。监狱工作作为党的政法事业有机组成部分，担当着惩罚人、改造人、教育人的伟大使命。我们要认真学习，深刻领会和全面实践“以人民为中心”的思想和要求，提高改造质量，尽可能把更多的罪犯改造成为守法公民。修改《监狱法》要十分突出党的领导这一政治要求。因而，在《监狱法》修改中旗帜鲜明地坚持共产党的领导，就是把长期以来“党对监狱工作绝对领导”的光荣传统法律化、制度化。

在此基础上，顺应中国特色社会主义新时代的要求，在广大人民群众不断增长的安全感、获得感、满足感的需要的背景下，把《监狱法》修改成一部满足未来监狱事业发展需要的良法，确保社会的善治，让每一个公民在具体的案件中感受到公平正义。这同样是基于政治站位的考量和深刻把握。

监狱机关要敢于担当，勇于担责，积极作为。对此，修改《监狱法》时，要坚定不移地把正确的政治方向落实到代表国家意志的《监狱法》中，以此规范和指导新时代的监狱工作。

（二）强化监狱惩罚职能，体现“改造人”的宗旨

应该说，《监狱法》对于监狱的职能定位还是比较准确和明晰的。我国《监狱法》第1条就规定了刑罚执行的目的是“惩罚和改造罪犯，预防和减少犯罪”，第2条规定“监狱是国家的刑罚执行机关”。在过去的实践中，监狱机关较好地落实了这一职能要求。然而，这一职能在当下，也遇到了新挑战、新形势，社会公众和很多监狱人民警察对监狱机关发挥职能作用有了更高、更新的要求和期待。为此：

要强化监狱的惩罚特质。监狱的职能决定了监狱对于囚犯的惩罚和改造同等重要，惩罚和改造是监狱这个主体的“两翼”。惩罚甚至是基础性的、前提性的；惩罚是监狱的天然属性，也是古今中外监狱的共同属性。惩罚本身就是监狱的基础性目的，也是确保有序改造的前提。惩罚囚犯，使其认罪，进而接受惩罚和改造，这是囚犯改造的现实逻辑。这个判断是基于囚犯的成长过程以及犯罪心理的个性心理形成过程而言的。除少许囚犯外，多数囚犯的成长表现为缺少法律、道德观念，而由此导致行为桀骜不驯、我行我素，并且成为一种行为定式和价值取向。对此，监狱人民警察管住囚犯，就显得格外重要。不能依法管住囚犯，教育改造就难以落实，再好的方法也会流于形式。

监狱是一个以囚犯为主体的集群，针对这么一个特殊的主体存在，如果没有严明的规范、强有力的管理和严谨的管理法律法规，其结果是难以想象的。依法管住囚犯，也是对多数积极要求改造的囚犯权利的重要保障。如果对破坏监管秩序的行为不能有效管控和打击、依法严管，久而久之，监管秩序就会混乱。当然，严管的前提是依法依规，以保障罪犯正当权利为基本底线，充分体现“宽严相济”的要求：该宽的宽，该严的严（对积极改造的囚犯宽大，对对抗消极改造的囚犯严管严控）。

要充分履行改造人的使命。作为新时代中国特色社会主义的监狱，改

造人的宗旨贯穿始终。社会主义的监狱，更本质、更优越的特征是改造、矫正、教育和挽救。这是社会主义刑罚执行制度区别于其他任何社会制度下的刑罚执行制度的本质所在。否则，我们就没有足够的底气和能力来证明新时代中国特色社会主义监狱更加文明、更加科学、更加法治。

落实《监狱法》第 3 条的规定："监狱对罪犯实行惩罚和改造相结合、教育和劳动相结合的原则，将罪犯改造成为守法公民。"也就是说，监狱改造罪犯要让他们刑满后，适应、融入社会，成为一个守法公民。所以，监狱人民警察被誉为特殊园丁，攀登十八盘的勇士，是人类灵魂的工程师。

要强化监狱的惩罚功能，提高监狱对囚犯的改造质量，把更多的囚犯改造好，使他们由新时代的破坏者、消极因素转变为建设者、积极因素，为广大人民群众提供一个安全稳定的工作、学习、生活环境，这就是广大人民群众获得感、安全感、满足感在监狱工作中的具体体现。

（三）坚持公正文明，以"国家治理现代化"为目标

就修改《监狱法》而言，还应考虑动员社会各方面的力量，参与到监狱对于囚犯的改造中来。监狱机关作为社会治理的"公共部门"，其参与的主体显然是广泛的，监狱作为社会治理的重要"公器"，不是其一方单枪匹马、单打独斗可以完成的。我国刑罚实践表明，绝大多数囚犯都要回归社会，成为社会公众的一员。而社会公众中，如果有越来越多的人有劣迹，则社会的治理难度就会越来越大，治理的成本会越来越高，治理的效果就可能事倍功半。因而，监狱工作化社会的消极因素为积极因素，把破坏力量转变为积极力量，既是国家治理现代化的题中应有之义，也是党中央推进国家治理共建共治共享的基本要求。

二、修改《监狱法》要充分体现五大理念

发展理念具有战略性、纲领性、引领性，是发展思路、发展方向、发展着力点的集中体现。在《监狱法》修改方面，理念的导入同样是极其重要的。有什么样的理念，就有什么样的法律：有先进、文明的理念作指导，制定出来的法律，就是体现先进、文明的法律，可以引导社会的文明与进步；而僵化、封闭的理念条件下，制定出来的，就是僵化、封闭的法律，落后于时代的法律，阻碍社会文明的发展与进步。

此次修法，笔者认为秉持的理念应该包括惩罚、公正、权利、开放、融合。

（一）惩罚的理念

迄今为止，惩罚是古今中外监狱的天然属性。惩罚是监狱与生俱来的属性，具有原始性。没有惩罚，就没有监狱；只要监狱存在，就离不开惩罚的属性，甚至这也是现代监狱制度的逻辑起点。笔者曾经就监狱的模式，概括为“表于惩罚”，既是“表于”，就不是中国监狱的全部，而是在形式上，体现出作为监狱的外在形象，而不是本质。否则，我们就没有足够的底气来证明，社会主义的监狱为什么比任何监狱制度，更加文明、更加科学、更加法治。

监狱的威慑功能，当然源自惩罚。在一定意义上说，惩罚是形式，惩罚的实质和目的是威慑；惩罚实现了，威慑自然就在其中。对此，修改《监狱法》，必须充分表达监狱的惩罚属性，通过强化监狱的威严、监狱人民警察的执法权威，确保监狱的秩序和稳定，进而实现人民群众的公平感、安全感。同时，通过法律约束，强化囚犯的刑罚体验，矫正囚犯恶习，进而实现其融入社会，成为“守法公民”的目标。

（二）公正的理念

“公平”主要指权利公平、机会公平、规则公平以及分配公平等，“正义”主要指制度正义、形式正义以及程序正义等。社会主义核心价值观所倡导的“公正”，是加快建立以权利公正、机会公正、规则公正为主要内容的社会公平正义保障体系，努力营造公平正义的社会环境，从而在更加公平正义的基点上造福全体人民。“公正”是社会主义核心价值观的重要内容，也是社会价值的根本追求。“公正”是人类文明发展进化的必然结果，是政法工作的生命线，更是监狱的基本的和核心的价值追求。一个法治的社会，一定是一个文明的社会，也一定是一个公正的社会。

对于监狱治理来说，公正是理念的、理性的，也是具体的、实实在在的。公正执法、公正公平正义体现在对每一个囚犯的改造、管理、教育的每一个活动、每一个环节和每一个时空中。公正，作为时代的主题，始终是全部的工作核心。一次不公正的执法足以摧毁千百次的说教。为此，在修改《监狱法》时，要全面、准确、完整地体现公正的理念，把《监狱法》修改成为体现依法治国，建设社会主义法治国家的良法善法，让每一个囚犯在服刑时都感受到公平正义的光辉，让每一个守法公民通过囚犯的服刑感受法治的法度与温度，进而养成法律至上的认知，成为遵法守纪的公民。

（三）权利的理念

保障个人权利始终是一个衡量文明社会的价值判断。人类文明的历史，从根本上说，就是权利保障的历史。这不仅仅普遍意义上的群体权利，也包括了个体意义上的权利。这里的个体意义上的权利，即人人的、每个人的权利，即“每个人都享有或者应该享有的权利”。当然，囚犯作为特殊群体，被限制和剥夺了自由，在权利的实现方式上会异于常人，但是，他们的权利客观上是存在的。因而，囚犯权利问题，必须在修法中得到完整、全面、准确、细致的体现。

对于监狱人民警察来说，公平正义还包含了保障囚犯权利的价值。在法治的意义上，任何人的合法权利，都是法律所要保护的，对于囚犯权利的保障也不例外。囚犯是犯了罪的公民，所以，他们还有很多法律权利，甚至有特别的权利。保障囚犯的权利，是监狱人民警察的义务；保障囚犯的权利，就是保障监狱人民警察自己的权利。

（四）开放的理念

绝大多数囚犯都要回归社会。社会如何接纳归来的他们，与传统文化密切相关，作为“刑余之身”的他们，适应社会有个过程；同样，社会适应他们也有个过程。两个过程如果同步，适应的状态、周期、节奏等就会呈现良性格局，适应的过程就会在一个合理的限度之内；如果一方发生偏离，就会造成难以估摸的结局。

监狱的开放的另一个重要含义是监狱本身的公开。这是公正文明执法的必然选择。公开是天然的消毒剂。党的十八届三中全会、四中全会都对“狱务公开”提出明确要求。因此，狱务公开就显得非常迫切。监狱的开放，还意味着新时代的中国监狱要充分顺应国际社会行刑趋势，学习和吸收世界上一切国家先进文明的矫正管理理念、体制、方式、方法。

（五）融合的理念

融合是深度无缝隙、无障碍、无条件的全方位、全领域、全维度的结合。监狱要融合社会，社会要对接监狱。监狱离开了社会，寸步难行；社会离开了监狱，也不称其为社会。

融合，是因为监狱的职能是有限的。职能的有限性不仅是当下社会分工造成的必然结果，还因为现阶段事实上我国监狱职能的多元化。如前所述，监狱不可能完成本来由政府或者政府其他部门来完成的事，如就业问题、就学问题、住房问题、医疗保障问题等。尽管新中国的监狱事业取得了举世瞩目的成就，尽管21世纪以来的监狱体制改革取得了很大的成效，当下的境态离实现监狱职能单一化依然很遥远。现阶段，监狱工作目标与要求、工作运行与责任、配套法律与政策、考核方式与兑现都涉及惩罚与改造实际表现出的权重；如果民警队伍的人手拮据并由此导致的职业化建设的不力，则很难适应未来监狱事业的发展要求；如果改造手段的局限性、改造内容的陈旧、改造工作的科学化程度不高，则使监狱职能难以得到最大限度的发挥。因此，政府以及各部门、社会各界，都对囚犯改造有义不容辞的职责。

融合理念的另一层含义是指，借鉴应用国外较为成熟的“恢复性司法”理念，尽可能修复囚犯与受害人、社区之间的紧张关系。这符合我国监狱一直以来倡导的“重新做人”“改过迁善”的刑罚思想。囚犯刑满融入社会，无论是对于政府、社会，还是对于公众、囚犯，都是百利而无一害的善治、善举。因此，这里的融合特指囚犯对于社会的融合。如果这个融合过程遇到障碍，或者说，囚犯通过改造没有能力融入社会，就意味着对于囚犯改造的失败，更是社会的失败。

故此，在《监狱法》修改中必须增加囚犯融入社会的内容，体现现代社会的文明与进步，彰显中国特色社会主义监狱制度的科学与人文。

三、修改《监狱法》要明确两大导向

修改《监狱法》是完善中国特色社会主义法治体系的基本要求，在当下，更是推进国家治理体系和治理能力现代化的重要内容和基本体现。监狱工作关联犯罪、刑罚，是国家治理框架内无法回避的问题。故而，修改完善《监狱法》必须明确基本的导向。

（一）目标导向

党的十八届三中全会公报指出："全面深化改革的总目标是完善和发展中国特色社会主义制度，推进国家治理体系和治理能力现代化。"[1] 2019年10月召开的党的十九届四中全会通过的《中共中央关于坚持和完善中国特色社会主义制度推进国家治理体系和治理能力现代化若干重大问题的决定》指出，坚持和完善中国特色社会主义制度、推进国家治理体系和治理能力现代化的总体目标是，到我们党成立一百年时，在各方面制度更加成熟更加定型上取得明显成效；到二〇三五年，各方面制度更加完善，基本实现国家治理体系和治理能力现代化；到新中国成立一百年时，全面实现国家治理体系和治理能力现代化，使中国特色社会主义制度更加巩固、优越性充分展现。[2]

国家治理体系，是党领导人民管理国家的制度体系，包括经济、政治（法律）、文化、社会、生态文明和党的建设等各领域的体制、机制和法律法规安排，也就是一整套紧密相连、相互协调的国家制度。国家治理能力，是运用国家制度协调、组织社会各方面事务的能力。

在党中央国家治理现代化的目标导向下，新时代监狱工作的目标是什么？如何对应对接？

中国特色社会主义现代监狱制度，是监狱工作在中国共产党的领导下，以法治现代化为导引，以监狱职能的社会分工为依据，以监狱惩罚和改造职能的发挥为主旨，建构运用现代科学理论作指导，与中国特色社会主义建设相适应、相协调、相一致的科学文明公正法治的监狱政治体系。

---

〔1〕《中国共产党第十八届中央委员会第三次全体会议公报》，载新华网，http://www.xinhuanet.com//politics/2013-11/12/c_118113455.htm，最后访问时间：2021年12月20日。

〔2〕《中共中央关于坚持和完善中国特色社会主义制度 推进国家治理体系和治理能力现代化若干重大问题的决定》，载中国政府网，http://www.gov.cn/zhengce/2019-11/05/content_5449023.htm，最后访问时间：2021年12月22日。

中国特色社会主义现代监狱制度的基本要义，大体包括以下方面：

1. 中国特色社会主义现代监狱制度是在中国共产党的领导下国家治理体系和治理能力现代化的重要方面和有机构成。

2. 中国特色社会主义现代监狱制度，由现代监狱理念、现代监狱法律、现代监狱体制机制、现代监狱战略布局、现代监狱目标重点等要素构成。

3. 中国特色社会主义现代监狱制度体现监狱法治化（规范化）、科学化、社会化、专业化、职业化等要求，尤其以监狱人民警察的现代化为基础。

4. 中国特色社会主义现代监狱制度以中华优秀传统文化为主轴，以当下中国国情为基础，以国际视野为参照展开和铺摆。即在传统文化、中国国情、国际趋势三个维度依次展开。

5. 中国特色社会主义现代监狱制度的目标是提高囚犯改造质量，让尽可能多的囚犯刑满释放后，融入社会，成为守法公民。

（二）未来导向

目标导向和未来导向是一种递进关系、持续推进关系、互为逻辑关系。目标导向，是以社会治理能力和治理体系现代化为引领，立足于监狱职能的发挥而关涉关于监狱体制、机制的法律支撑与供给；而未来导向，是基于监狱在文明社会、在中国特色社会主义的大背景下，以实现中华民族伟大复兴、中国走进世界舞台的中央高度和站位，构建人类命运共同体为价值的方向性把握。故而，未来导向，也是一种更高站位的战略导向。

《监狱法》修改，要充分体现对于未来导向的深刻领悟与把握。

1. 为此，必须从中华文化五千年文明中寻找答案，以史为鉴。历史昭示未来，当下的瞬间会成为无法更改、无法抹去的历史。在中华文明五千年的历史长河里孕育的中华法文化在世界法系里，是最具张力的一脉，具有独特的价值和魅力。汲取其精华，继承其优良文化传统，使《监狱法》在世界刑法行列中释放出中华文明的辉煌与光彩。至少应当包括：

一是教化的思想。重教化、慎刑罚的人文关怀传统文化以儒家文化为主体，从孔子的“仁者爱人”思想到孟子将仁爱具体化为“亲亲而仁民，仁民而爱物”的仁政主张，仁爱观念始终左右、支撑着中国文化的走势。作为中国文化的重要组成部分的法文化也在不同的层面都表现出重教化、慎刑罚的人文关怀，形成德主刑辅、注重教化、宽仁慎刑及重惜民命等治狱思想，而这些思想也成为古代中国监狱文化得以萌发并走向成熟的根基。明刑弼教、德主刑辅、德体刑用、大德小刑、先教后刑的传统思想，在刑罚层面得到了较好的体现。尚德、敬德，它是慎罚的指导思想和保证。如在唐代，“德礼为政教之本，刑罚为政教之用”的思想更加明晰，强调伦理道德、礼法对于社会控制和治理的作用与价值。

自汉代以来，“家庭在刑罚改革中担当一种新的角色”“家庭为其成员的利益而采取的行动，如果充分展示了以孝为先的德行，那么可能会在整个刑罚制度上都产生显著效果”。如在汉代，残人肢体的肉刑得以废除。“家庭在对刑罚的组织过程中扮演关键角色”。而家庭的亲情观念又成为刑罚执行的过程中，不可或缺的救赎力量。这种力量最便捷、最经济、最安全、最有效。明德慎罚，既是宽刑轻典的立法原则，又是中国文化传统中教化思想的典型体现。通过教化，让礼、德的观念，在人们的心间驻守，用德的力量来感化、教化，而谨慎对待处罚，使处罚轻化，使处罚的后果轻化，以此达到教育、预防的目的。

二是人性的思想。“整个的中国伦理学就建立在对于人性的信赖、期盼、希冀的基础上，认为人性有向好向善的必要性”“认为人道内在本性之中含有道德的良好要素”。孔子的“仁者爱人”，就要求仁者必须把人当作人来爱护，“这是东方人道主义的第一个自觉命题，具有极大的创新性”。[1]如果说，社会主义对应于人道主义进而称之为“社会主义人道主义”，那么，中国传统文化里的人道主义思想的萌芽，则可以概括为：人性思想。因为相信囚犯可以悔过自新，所以为此设计了“自首”制度。[2]悯囚制度在中国刑罚执行文化中具有重要地位。因此，法典通过规定老、幼、病、残者可以免除或减轻刑罚，一方面，体现一种人道主义的关怀；另一方面，讲清楚这些人与正常人不同：“皆少智力”“不堪受刑”，所以对他们的刑事处罚应当宽免，是符合自然界万物生长、生存的基本规律的。

传统法文化于博大精深之中还蕴含着一种中庸和平之道，这可以说是最高层面的人性思想。这种人性思想的表现就是法、理、情三者的统一，表现为司法的全过程。在中国文化的历史长河中，“如儒家主张天人合一，用阴阳五行、天人交感的理论来指导治狱实践”。这个思想被延伸、扩展到了刑罚领域，这在汉学家布迪看来，又是“法律的自然化”的结果。大量证据表明，自汉代以来，我国就将执行死刑的活动限制在秋冬季节。因为这是万物凋零和死亡的季节。布迪认为，“法律的内容逐渐吸收广义的天人合一理论；根据这一理论，人类必须使自己的行为与自然界相适应”。布迪评价说，“中国人对于宇宙和谐的信仰以图示方式发挥到了极致”。

三是革新的思想。监狱表征文明、监狱承载文明。监狱随着社会的进步而进步，随着社会的文明而文明，随着社会的发展而发展。“监狱的产生是人类社会走向文明的一个标志”。中国监狱史表明，代表我国古代刑罚的主刑，在不断地走向文明。隋唐时期制定了笞、杖、徒、流、死五刑，形成了以徒刑和流刑为中心的封建刑法体系。这个体系，即是对夏代

〔1〕 周德丰、李承福：《仁义礼智：我们心中的道德法则》，江苏人民出版社 2017 年版，第 8 页。
〔2〕 ［澳］迈克尔·R. 达顿：《中国的规制与惩罚——从父权本位到人民本位》，郝方昉等译，清华大学出版社 2009 年版，第 325 页。

以来的墨、劓、剕、宫、大辟五刑残酷肉刑的革命。当然，在具体的监禁形式和治狱理念上，随着社会的进步，刑罚执行也朝着文明的大方向演进。如汉代的录囚制度、系囚制度、点视制度、悯囚制度；唐代的明德慎罚就大体体现在宽仁思想上，后在北宋欧阳修的《纵囚论》中就曾有描写。由于对囚犯教化的思想在中国历史上源远流长，所以19世纪后半叶西方的教育刑罚思想逐渐传入中国以后，在封建统治者以“中学为体，西学为用”为指导思想抵御资本主义思想文化传播时，人们对教育刑罚思想的接受则显得比较容易一些，清末制定的《大清监狱律草案》则从多方面显示出这一点。

清末肇启了监狱改良之议起和改良新监的筹划与试办。整个清末在监狱走向现代的发展进程中，具有十分重要的奠基意义：确立了新型的监狱理念；完成了监狱立法《大清监狱律草案》；改革监狱机构。这里需要特别强调的是，自新中国成立以来尤其是改革开放以来，我国的刑罚执行工作，在继承传统中华文化的基础上，努力探索和适应监狱工作规律、囚犯改造矫正教育规律、监狱人民警察队伍成长规律，取得了前所未有的进步，赢得了国际刑罚执行领域的公认。刑罚执行的法治化、科学化、社会化、人性化、现代化步伐进一步加快，具有新时代特色的中国现代监狱制度初步确立。

2. 纵观世界刑罚的变迁历程和世界监狱制度的演变，给我们诸多启示：

一是法治建设在监狱制度全球化中具有基础地位。在发达国家法治现代化的进程中，一个很突出特征是监狱法治的发展。尽管监狱的法治发展的水平有所差异，但发展的路程则是大同小异的，都制定了专门法律来规制相关问题。

二是越来越强调监狱制度以及矫正罪犯的科学化。监狱制度的科学化，集中表现为罪犯的分类制度的建立和完善，包括罪犯的处遇的个别化和社会化。罪犯分类制度的初创时期在16世纪末到18世纪初。一般认为，对世界影响最大的是1595年荷兰建成的阿姆斯特丹监狱。此后，分别经历了形成时期、创新时期和发展时期。罪犯分类制度同监狱的其他各项制度一样，其创立和发展的不同阶段，深深受到了刑罚思想的影响。伴随资产阶级革命的成功，先进的刑罚思想空前活跃，进而影响到了监狱制度，影响了罪犯的分类。李斯特主张，对罪犯的分类处遇上，须运用心理学、精神医学之测验或诊断鉴别等技术。18世纪英国监狱的改革家霍华德主张对罪犯隔离监禁，被认为是罪犯分类制度的萌芽。18世纪70年代的汉韦积极主张实行罪犯的分类制度。1778年，英国议会通过的《教养法》以立法的形式规定对囚犯实行三级累进处遇。在罪犯分类的形成时期，19世纪美国的“宾夕法尼亚制”和“奥本制”，据认为，对世界监狱制度的改革起到了里程碑的作用。此后的罪犯分类日趋复杂、完善，并从定性发展到定量，再发展到测定罪犯的个性量表。到了20世纪的上半期，犯罪学家、心理学家、社会学家等直接参与到罪犯的分类工作之中。显然，分类制度提高了罪犯的改造的针对性，体现了监狱改造功效。监狱制度的科学化已经向更细密的矫正技术推进。囚犯矫正的项目化、循证矫正、个案矫正、心理服务等矫正技术，为囚犯刑满融入社会提供帮助。

三是现代监狱制度的社会化程度日趋提高。监狱制度的社会化集中表现为罪犯改造中充分地融入社会思想，使罪犯服刑中可能产生的“监狱人格”最小化。综观发达国家的非监禁刑，假释是我们常常作对比研究的重要制度。假释起源于1840年的澳大利亚，后在各国广泛开展起来。在法国，假释最早记载于1885年，法国制定了假释法，规定除无期徒刑外，刑期执行过半，就可报请假释。发达国家的假释制度，普遍开展于1925年伦敦国际刑法及监狱大会之后，社会志愿者的规范参与，就成为监狱工作社会化的重要内容。在发达国家，社会志愿者已遍布社会服务的每一个角落。在监狱，社会志愿者为罪犯服务的时间、内容、方法、要求已较规范。在意大利，社会志愿者的人数相当于监狱专职矫正工作人员的人数。日本设立了志愿会面委员会，由热心的活动家相助，参与罪犯的入监教育、学科教育、俱乐部活动等。

四是监狱矫正工作者的职业化建设得到充分的重视。监狱矫正工作者的分类及其职业化程度，被认为是监狱制度科学化的基础。监狱矫正工作者的分类，是指监狱矫正工作者按不同的专业要求设置不同的岗位职责，履行不同的职能。早在 1930 年的布拉格“国际刑法及监狱会议”就要求“对所有执行刑罚的人员，应加以特别训练。尤其要训练高级监狱管理人员，使其具有科学知识”。在联合国 1955 年通过的《囚犯待遇最低限度规则》中，就明确规定，监狱应当设有足够的医学、心理学、社会学专家。这是借鉴发达国家的经验而确认的一项要求。在德国，1976 年诞生的《行刑法典》中，就规定：分配监狱设立的“分配委员会”的成员中，包括典狱长、精神病学专家、心理学者、社会学者、教育学者、社会福利工作者等。德国各监狱都设立了犯罪学研究小组，其最早可以追溯到 1921 年的巴伐利亚监狱。1947 年，在汉堡监狱出现了“犯罪心理学研究室”，从科学的角度推动行刑工作的发展。日本监狱中的罪犯分类调查，就充分依靠了医学、心理学、教育学、社会学的专门知识和技术，并形成了完整的知识体系。据资料介绍，在国外，监狱的专业人员中，包括 8 类人员：医务人员、文化教师、职业技术教师、心理学家、精神病学家、社会工作者、个案管理者、牧师。可以说，在发达国家，现代监狱制度的确立，至少表现为法治化、科学化、社会化、职业化的趋势。

3. 在国际规范中寻找接口。世界早已连为一体。联合国主导下的国际沟通与交流以及刑罚执行、监狱管理、囚犯待遇、执法规范等的覆盖面越来越大、越来越具体，尤其是 1955 年的《囚犯待遇最低限度标准规则》以及 2015 年的《曼德拉规则》，成为全世界监狱矫正领域的基本规范文本。因此，结合中国国情，立足全球视野，着眼于监狱事业在国家治理现代化中的重要职能发挥，修订好《监狱法》，就成为一个标志性的基本坐标。这里，可以用历史逻辑来进一步说明《监狱法》绝对不能成为社会治理的短板和弱项。

因此，就必须把监狱建设好、治理好，基本条件就是要有一个完备的、适应新时代的《监狱法》。

我国刑罚立法扩张政策的学术述评

洛桑东洲　魏　东*

自1997年修订刑法颁布至今，我国刑法处于一个修法相对活跃的时期，通过对近20余年刑法立法情况的梳理可以发现，刑法立法整体扩张化的基本特点显著。刑法立法扩张化除了表现在犯罪的“扩张”，同时在刑罚方面也体现了立法“扩张”的刑事政策立场，总体上倾向于适用更严厉的刑事处罚。从理论上全面审视、研讨我国刑罚立法扩张化的发展完善方向，具有十分重大的现实意义。在“罪”的扩张和“刑”的扩张背后，则是某种起着指导作用的“立法政策论”，由其贯穿立法活动始终。我们要通过对立法活动的分析评价，建立、完善刑罚立法的科学观念，并对立法实践中的刑罚论予以专门的考察、评价和完善。

一、刑罚立法过程中，宽严并存，总体上死刑削减，生刑加重，倾向于适用更严厉的刑事处罚

我们通过对1997年刑法颁布后历次刑法立法活动方面的梳理，发现在刑罚修正方面，宽严并存，既有刑种的增加，也有刑种的减少；既有刑

* 洛桑东洲，法学博士，西华大学马克思学院讲师；魏东，法学博士，四川大学法学院教授、博士生导师。

度的升级，也有刑度的降低，似乎给人一种宽严结合，适度放宽的印象，但具体梳理后，我们的结论是死刑削减，但生刑，如自由刑、财产刑、资格刑、保安处分措施加重，总体上仍然倾向于适用更加严厉的刑事处罚。

（一）总体方向上适用更为严厉的刑罚措施

1. 提升刑罚档次的明显多于降低刑罚档次的

历次修正案，加重法定刑档次的有 13 个，主要针对“特别严重”情节，数额“巨大”“特别巨大”等，提升了相应法定刑档次。减轻法定刑档次的只有 2 个，可见法定刑档次提升占据了主流态势，而且没有取消任一罪名刑罚中档次较重的法定刑。所以我们得出结论，在刑罚档次方面，总体态势是严厉大于宽松。

2. 提升刑罚幅度的上限或下限多于降低的情况

历次修正案，提升个罪刑罚幅度上限或下限的罪名有 11 个，从而在刑罚档次没有改变的情况下，提升了法定刑幅度，实质是从严趋势。反之，降低个罪刑罚幅度的上限或下限的罪名有 7 个，在刑罚档次没有变化的情况下，降低了法定刑幅度。两者一比较，提升法定刑幅度的是减少的 1.5 倍多，可见从趋势上，法定刑幅度的提升高于法定刑幅度的下降，从严趋势成立。

3. 增设个罪适配刑种和减少个罪适配刑种的程度相当

历次修正案，新增刑种的个罪共 20 项，其中 18 项是新增并处的附加刑，新增较轻主刑的只有 2 个，可见总体来说新增刑种是加大了犯罪人的负担，适用了更加严厉的刑事处罚。而减少个罪适配刑种共计 24 项，其中 22 项是减少较重的主刑——死刑，2 项是减少较轻的主刑，虽然从轻的态势明显，但这主要集中在慎重适用死刑的大背景趋势下。所以，我们认为在刑种的增设和减少方面，两者程度总体相当。

4. 增加和减少的非刑法处罚的惩罚类型，总体上增加的趋势明显，客观上增加了犯罪人的法律责任负担，体现了从严的趋势

在对刑罚规定予以内部调整的同时，刑法立法工作还积极探索和制定非刑罚处罚方法，一是增加了禁制令措施，如禁业措施规定禁止因利用职业便利实施犯罪的人再次从事某项职业，此外还有禁止进入某些场所，禁止接触某类人员；二是增加了非刑法处罚措施的新类型——安置教育，但是通过其他法律——《反恐怖主义法》的立法形式，虽不是刑法直接立法，但是从刑罚体系建设的角度，安置教育作为刑罚之外的保安处分确立下来，对恐怖活动犯罪和极端主义犯罪刑罚执行完毕后根据社会危害性评估，予以安置教育。对于犯罪人来说，实际上也是增加了负面负担，体现了从严的趋势。

5. 在量刑、数罪并罚、执刑上总体趋势也是从严化

在量刑情节方面，有宽有严，宽的情节如 75 岁以上老人犯罪从轻减轻，新增了坦白从宽情节；严的情节如特殊累犯增加了恐怖活动犯罪，严格限制立功减免处罚的规定，取消了自首又重大立功应当免除减轻、免除处罚的规定。

数罪并罚方面从严的趋势明显，一是提高了有期徒刑的执行期限，将总刑期 35 年以上的，要求最高执行刑期达到 25 年；二是附加刑的并罚规则，明确为同种刑合并执行，不同种刑分别执行；三是对不同种主刑的并罚规则予以明确，有期徒刑吸收拘役，有期徒刑、拘役分别与管制并科。

执刑上，对管制的执行制度新增了禁止令和社区矫正；死刑缓期考验期有重大立功，期满后的执行有期徒刑 25 年，比以往规定多 5 年；对缓刑增加了限制性规定，缓刑期间适用社区矫正和禁止令；提高了减刑后的最低实际执行年限；对假释规定了新的限制条件。

综上，在量刑上有宽有严，数罪并罚上体现了严的趋势，刑罚的执行

层面对从宽的执行制度予以了限制，因此在这几个方面综合来看，也是趋于从严。

（二）刑罚宽松化也有明显体现，但在宽松的背景下也不乏从严的色彩

刑罚立法方面除了前面概括的从严趋势，我们要承认宽松化趋势也是比较明显的，在形式上还是有明显的宽松化表现，但在此背景下，从严的态势始终伴随左右。

1. 死刑的减少正在加快步伐

《刑法修正案（八）》和《刑法修正案（九）》共计减少了22项罪名的死刑，占《刑法》公布时死刑罪名总量的近三分之一，现有刑法体系中死刑罪名还有46个，从数量上可以说是明显加快了步伐，而且执行效果总体良好，社会民众认可度较高；同时提高了死刑缓期执刑的要求，将以前的“故意犯罪”改为“故意犯罪，情节恶劣的”，从而减少了死缓转化为死刑的比例；对审判时75岁以上老年人原则上不适用死刑；对3个罪名（绑架罪、贪污罪、受贿罪）中绝对适用死刑的刑度予以修改，将同一量刑情节下绝对的死刑适用修改为选择性的相对死刑适用。可见在死刑的立法上，轻缓化是主流方向。

不过值得一提的是，针对贪污受贿罪的死刑修改，将被判处死刑缓期执刑的犯罪人，根据犯罪情节可以决定对其实施终身监禁的规定。对于这种终身监禁的制度，我们认为实质是增设了新的刑种，有较大的争论。支持者认为，终身监禁制度以死刑缓期为前提，比死刑更为轻缓和人道，可以代替贪污受贿罪的死刑判决。〔1〕反对者则认为终身监禁不利于犯罪人的改造和重返社会，让犯罪人看不到希望；长期关押后的贪污受贿犯罪人的社会危害性非常小，缺乏与社会终身隔绝的必要性；终身监禁造成监狱负担过重，实际上加大了公民的财政负担。

---

〔1〕 赵丽平：《走私核材料罪不应取消死刑》，载《法制日报》2014年12月17日。

2. 劳动教养的废除

劳动教养问题一直是法学界讨论的热点话题，随着几期热点新闻事件的发酵，越来越受到公众关注，早在1997年刑法修订时，就有观点主张将劳动教养制度的修改纳入一并考虑，但由于种种原因，没有执行。后来立法机关多次将修改劳动教养制度纳入立法计划或在工作报告中予以提出，但始终未有实际修法动作，直到2013年12月28日，《全国人民代表大会常务委员会关于废止有关劳动教养法律规定的决定》废除了这一具有争议的制度，总体上来说，是刑罚宽松化的表现。

不过需要关注的是，虽然废除了劳动教养制度，但还有针对未成年人犯罪的收容教养制度，《刑法》第17条第4款规定，对于因不满16岁不予刑事处罚的，在必要的时候，可以由政府收容教养。在司法实践中，收容教养的决定一般是由公安机关作出的，这样对于人身自由的限制直接由公安机关决定。

此外还有安置教育制度。由于是对刑罚执行完毕后的后续处置措施，也涉及实质意义的人身自由的一定程度的剥夺，所以从犯罪人的角度也同样是从严的趋势。这项制度仍然是初步的，该制度的对象、程序、主体等还有较大的完善空间。[1]

3. 特赦体现了刑罚执行的人道性

刑罚执行中的特赦制度，在新中国成立之后至1975年共计执行了7次，这项制度主要是针对四类犯罪人，这些犯罪人的共同特性是基本没有继续收监关押的必要，对社会的危害性也基本消除，可以预见的是，今后的特赦将继续扩大适用对象，将更多的犯罪人纳入执行对象，从而慢慢建立和完善特赦的适用规则。

---

〔1〕 陈泽宪：《安置教育需要全面坚持法治原则》，载《检察日报》2016年10月28日。

二、立法事实论的建立和完善

通过对近年来理论界和立法实践的梳理发现，主要有以下刑法理论问题和刑法立法扩张化形成紧密联系，它们一直是刑法立法扩张背后的主要观念，但一直伴随着争议和冲突：刑法保护机能和保障机能的冲突协调，在刑法立法扩张化背景下，刑法的保护机能被展现得更加突出，但基于罪刑法定原则最核心的价值反映，刑法立法扩张化的过程必须坚守刑法保障机能的底线；风险刑法理论契合了刑法立法扩张化的立法实践，但其自身有诸多理论矛盾和不完善，因此不能完全反映刑法立法的实践依据，不足以支撑刑法立法扩张化的实践合理性；积极刑法立法观不应该全面排斥传统刑法立法观，不能过度地加以运用，对于无须积极适用的犯罪必须强调刑法的谦抑性；预防性刑法立法观和刑事法治的内在要求具有矛盾冲突，预防性刑法立法存在制度上的“瓶颈”，法教义理论建构薄弱。最后，对于象征性、情绪性的刑法立法现象必须加以重视和警惕，防止此类刑法观念的泛滥。在我国刑法立法扩张化趋势明显的背景下，我们必然不能回避刑法论位阶价值上对刑法立法理论的探讨，在对刑法保护、保障机能协调，风险刑法理论与功能主义刑法立法观的反思评价，象征性立法、情绪化立法的警惕和规避等基础上，我们认为有必要提出刑法立法理论的探寻和建构。

（一）立法事实论的提出——基于规范与事实的关系

基于认识论的原理，法律规范是人类在立法活动中对客观事实予以抽象认知，并将抽象的事实赋予确定法律后果的规则，从认识论的角度，立法过程是人类第一认识阶段（从客观到主观）的活动，而法规的产生目的在于通过这种对事实的法律意义上的规定达到规范社会的目的，而且正是在这种规范的过程中，使得立法行为所依据的事实被加工为刑法规范，是立法者对于一定客观事实的刑法价值的主体认识反映。

可见，刑法立法活动从本体上是刑法立法主体和立法所依据的事实之间的关系，即立法者和立法事实的关系。讨论和评价刑法立法活动的优劣必须回归到刑法立法活动的本质上来，分析和建构立法者与立法事实的关系、互动，发现立法者与立法事实如何科学地对应，以此回应、评价刑法立法活动在现实中的诸多表现。

（二）立法事实论的内涵——立法事实的探究是立法活动之基石

前面我们列举了刑法立法活动中出现的种种观念，特别是在风险刑法理论背景下，产生了功利主义刑法立法观，其中值得注意的是积极刑法观、预防刑法观，这些刑法立法观念有褒有贬，在适度提倡的情况下还要注意予以适度的限制。此外，象征性立法、情绪化立法的立法活动，更是值得警惕。我们认为，之所以会出现这样的情况，是因为没有从刑法本体理论的角度确立刑法立法活动的本质，在刑法立法理论层面缺乏指导性、原则性的理解解决方案，使得对于刑法立法出现的各种思潮和现象，多是形式上的批判和建议，缺乏深层次的探究。为此，我们从认识论的角度，从规范与事实的关系出发，认为刑法立法活动是刑法立法主体和立法所依据的事实之间的关系，简言之，即立法者和立法事实的关系。在这种关系中，最重要的，或者说首要的任务就是确立立法所依据的事实的内容，即立法事实的内容。

1. 立法事实的内容确立

说到立法事实，我们必须首先明确此处讨论的语境范围，结合前述所谈内容，立法事实的内容首先是相对立法者而言，或者说立法事实是立法者立法活动所指向的客体，是立法活动所依据的客观事实，是客观事实进入立法者的规范评价后所产生的事实。其认识论的本质是客观事实被认识主体的认识活动所指向并规范后之事实。

此外，立法事实最重要的区分对象应该是司法事实（裁判事实）。司法事实从认识论的角度，是立法活动完成后形成了法律规范，再用法律规范去适用客观事实所形成的一种事实，其实质是认识论的第二阶段，其本质是人类认识活动后形成的成果（法律），再去适用客观事实后形成的成果（法律事实）。而从认识论的顺序上看，立法事实属于第一阶段的认识论活动，是立法者对客观事实予以分析、判断所依据的对象，“它不是具体的事实，而是普遍的、抽象的事实”，[1]立法活动务必落实到客观的社会实践中，以丰富的社会生活为对象。

据此，我们认为立法事实之内容应该表述为：通过立法活动所确认的，具有刑法之法益保护必要性的客观事实，刑法立法活必须基于此展开。这一表达有以下内涵：首先，立法事实必须通过立法活动才能获得，即不是脱离人类认识活动的独立的客观事实，是与人类活动，特别是立法活动紧密联系的客观事实；其次，立法事实是具有刑法之法益保护必要的客观事实，这是刑法立法事实论的核心，在此意义上，我们认为不是被刑法立法所指向的客观事实都是真正的立法事实，因为这样的事实只是“非正常”地进入了刑法立法活动，其缺乏刑法之法益保护的必要性，不能认为所有的社会生活事实只要被刑法所关注就能成为立法事实，我们必须清醒地认识到刑法的法益保护必要性是立法事实的内在实质要求，甚至可以说是刑法立法事实论的核心价值。

2. 立法事实与法益保护必要性

立法事实的核心价值和内在实质要求是具有刑法之法益保护的必要性，从根本上就是一个问题：什么样的客观事实才具有法益保护的必要性，从而成为刑法立法事实？

在这里必然要讨论法益的概念，根据张明楷教授主张的观点：法益是

[1] 姜涛：《立法事实论——为刑法立法科学化探索未来》，载《法制与社会发展》2018年第1期。

一种利益，是与法相联系并被法律所保护的一种利益，法益必须具有可侵害性，法益必须是和人相联系。从受侵害的角度来说，法益是受到侵害或威胁的利益，从受保护的角度来说，法益是法所保护的利益。〔1〕

按照对法益的概念描述，我们在判断立法事实是否具有法益之保护必要性时就必须考察以下几个方面：

第一，立法事实必须反映一定的利益所在，是能够满足人们某种利益的一种事实。如果某种事实仅仅是一种客观生活状态的存在，对人们来说，不具有任何意义的满足价值，则不能成为立法事实的来源。

第二，立法事实必须作为犯罪所侵害或威胁的对象。这里所表达的意思就是成为立法事实的客观存在必须能够成为潜在犯罪行为的危害对象，具有可被伤害性，如果某种事实虽然对于人们有利益关系，但这种事实本身不可能成为危害行为的伤害对象，那么这种事实也不应该成为立法事实，更不应该最终成为犯罪立法的事实来源。

第三，立法事实必须具有刑法保护必要性。虽然某种客观事实体现了一定利益所在，且能够成为危害行为的侵害对象，但是可以通过其他部门法予以充分调整和保护，那么这种客观事实也就没有必要予以刑法立法保护，从而不能成为刑法立法事实之来源。

第四，立法事实必须和人这个主体相关联，特别是某种具体的人。如果某种事实体现可以是被侵害的利益，而且是具有刑法保护之必要性，但仔细推敲后发现，这种看似具体而必要的法益，缺乏具体的人与之关联，最终使得立法的必要性得以落空，这样的事实也不能成为立法事实之来源。

通过以上论述，我们的观点是立法事实论的内容即是，立法事实是通过立法活动所确认的，具有刑法之法益保护必要性的客观事实，刑法立法活动必须基于此展开，离开这样的立法事实，刑法的立法活动将缺乏最基

〔1〕 张明楷：《刑法学》（第五版），法律出版社 2017 年版，第 62~63 页。

本的科学性，从而不能有效地把控各种功利立法观念的边界和限度，极易滋生象征性立法、情绪性立法。

还有一个问题值得探讨：立法事实论和法益论之间的关系。法益论解决了犯罪的标准认定问题，是解决犯罪化、非犯罪化的重要工具，从某种意义上，法益论具有刑法立法意义上的标准之地位，立法事实也要判断法益保护之必要性，那么在这种情况下，还有没有单独提出立法事实论的必要？笔者认为，之所以有这样的理论顾虑，是因为对两者的本质和定位缺乏清晰的认识，没有充分认识到两者的互补性：

首先，法益论的本质是解决犯罪化、非犯罪化的标准和根据，解决的是标准问题，但是长期受到质疑的是其本身的不确定性，虽然法益的概念并非绝对明确，但似乎没有找到其他更为理想的理论概念，在这种情况下，“立法事实使法益内容具体化、可操作化”，〔1〕作为法益的前置概念，立法事实为法益的判断指出了具体的对象和参考的事实，为抽象的法益概念提供了具体的落实途径。

其次，立法事实论的本质是刑法立法活动的来源与对象，解决的是立法的根据和事实问题。但这种立法事实论需要有一个限度标准，防止立法事实的来源过于庞杂和泛滥，而且对于犯罪的标准在刑法理论中已经于犯罪论部分予以了充分讨论，法益论是比较成熟的理论，也是比较可靠的犯罪化或非犯罪化的依据。

可见，立法事实论主张在法益保护必要性的讨论之下，确立立法事实的范围与内容，使其内涵具有充分的刑法学意义上的合理性，同时，立法事实论的建构在立法层面可以使法益的内容具体而明确，在立法层面将法益的保护纳入了思考的范围。

〔1〕 姜涛：《立法事实论——为刑法立法科学化探索未来》，载《法制与社会发展》2018 年第 1 期。

（三）立法事实论基础上的刑罚立法科学化

立法事实论的确立和积极发挥，必须依赖于立法实践的直接运用，刑法立法论的科学化要建立立法事实论在犯罪和刑罚立法方面的贯穿和坚持，这样的实践运用决定了立法事实论的最终效果及刑法立法论科学化的实现。“制定”刑罚必然提倡立法事实论。

1. 制定刑罚体系的立法活动的安排必须符合立法事实

不能基于推测的事实来确立刑罚，具体来说，刑罚体系的确立必须依赖确定事实对象：首先，刑罚所矫正的犯罪人，是确定客观存在的，刑罚的体系必须予以客观的对应。对待未成年人、成年人、老年人的刑罚体系要予以确立，对怀孕女性的犯罪人则应该制定相应的量刑情节等。如果犯罪人的情况不是客观存在的，则不能对其制定相应刑罚措施，如对所有强奸罪犯罪人实施化学阉割，而犯罪人是女性的场合（共同犯罪），则这样的刑罚处罚措施是无法执行的。其次，刑罚方法的效果是切实可行，并予以实证的。不能基于推测而确立刑罚体系，如主刑之间的配置比例，附加刑的设置适用都要予以实证研究，不能轻率地予以确立或删除，如终身监禁制度，目前在我国尚缺乏实证的研究，无法明确预知其效果，这种情形下确立实施有推测其会取得良好效果的嫌疑，但这种推测则是以犯罪人的终身自由为代价。

2. 刑罚的确立必须充分考量其对法益保护的必要性

如果某种刑罚的确立符合法益保护之必要性，则其立法的科学性将大大得到强化，反之，如果不利于法益保护的必要性，则其立法的科学性会受到必要挑战。如禁止令的设置，如果确实对于法益的保护有明显效果，说明其法益保护的必要性十分充足；如果其设置并不能使法益得到有益的保护，则其欠缺法益保护的必要性。

综上，我们认为凡是缺乏立法事实论要求的刑罚立法都应当不被允许：

首先，立法所依据的“事实”不具有真实确定性。不应也不能基于不确定的、推测的事实开展刑罚立法工作。其次，刑罚的确立并没有体现法益保护的必要性。刑罚的制定、实施并不能带来法益保护的功能，则其必要性必将受到质疑。

在立法事实论的指导下对具体刑罚制度的立法扩张化的理论评价呈现较大争议和创新空间：对于刑罚体系的修正与改善，基本朝着科学化的方向犯罪，刑罚种类之间的协调越发成熟，但仍有改善的空间；对于终身监禁争议较大，反对者认为其不人道、不公平、不利于改造罪犯等，支持者认为其是替代死刑的有效措施；非刑罚方法的引入得到了积极的肯定，但关于其具体内容、适用条件等需要进一步完善。

三、刑罚主刑体系的修正与完善

在我们前面的论述中，通过对 1997 年《刑法》后历次刑罚修订的分析，整体情况是宽严并存，刑种的增加和减少并存，刑度的升级降低并存，形式上给人一种宽严结合、适度放宽的印象，但通过具体仔细梳理后，得到结论：总体上仍然倾向于适用更加严厉的刑罚。

（一）刑罚主刑体系结构修正的历史回溯

1. 1997 年《刑法》的刑罚主刑体系特征

对于 1997 年《刑法》在刑罚主刑体系的特点，理论界通常指出其最大的特点是“死刑过重、生刑偏轻”，并认为这也是其在刑罚体系上最大的一个缺点。具体说来是生命刑过于严厉，但只要没有被判处死刑立即执行则会走向刑罚轻缓的另一极端。具体情况是：死刑缓期的制度相对于死刑来说，其实际效果显著轻缓。

2. 历次修正案的主刑修正情况

实际上就集中在《刑法修正案（八）》《刑法修正案（九）》两个修正案中，主要内容是：

一是对管制的修正。管制作为非监禁刑罚措施，是主刑中独具轻缓矫正特性的措施，是对监禁刑非常有力的补充，有利于积极促使犯罪人回归社会，融入正常生活，也有利于司法成本的节约。但是长期以来，管制的执行机关是公安机关，个别案件中对于犯罪人的行为管控和教育措施缺乏实质内容，使得管制变为实质的“不管”，缺乏主刑应有的“威慑力”。针对此种情况，《刑法修正案（八）》对管制作出两个方面的修订：一是增加管制期间可以根据犯罪情节对犯罪人适用禁止令，禁止其在管制期间从事特定活动、进入特定场所、接触特定人；二是将执行方式由公安机关执行改为社区矫正。

二是对有期徒刑和无期徒刑的修正。《刑法修正案（八）》将有期徒刑在数罪并罚的情形下修改为，有期徒刑总和不满 35 年的最高执行刑期不超过 20 年，总和 35 年以上的最高执行刑期不超过 25 年；无期徒刑的最低执行刑期由 10 年提高到 13 年。

三是对死刑方面的修改呈现明显轻缓化。适用对象上对于审判时满 75 周岁的人原则上不适用死刑；死刑适用罪名从 68 个减至 46 个，减少达 22 个，幅度接近 30%；死刑缓期制度得到修改，对于重大立功，在 2 年缓期到期后，减为 25 年，比之前的 15 年至 20 年有较大提升。对于撤销缓期执行死刑的条件予以了严格限制，故意犯罪且情节恶劣的才执行死刑。对于严重暴力犯罪或有组织犯罪的死缓增加了限制减刑的处理。最突出的死缓制度改革莫过于对贪污受贿犯罪人可以根据情节决定对其缓期到期后不得减轻、假释的终身监禁制度。

（二）对刑罚主刑体系修正情况的评价

对于近年来主刑体系修正的情况，我们认为具有以下显著特征：一是死刑过重的基本态势得到了缓和。对于限制执行死刑的对象进行了扩大，对死刑罪名数量进行了大幅度的降低，对撤销死缓执行死刑的条件予以了严格限制。二是生刑过轻的问题得到明显纠正。提高了有期徒刑、无期徒刑、死缓等和死刑刑度接近刑罚的实际执行上限。可以说，对于1997年《刑法》颁布时的主刑体系的缺陷进行了有针对性的修补。

对于立法活动中主刑体系修正的现状，我们在立法事实论的指导下予以评价：

首先，主刑体系的调整基本符合立法事实的客观情况。1997年《刑法》主刑体系确实存在生刑和死刑的结构性矛盾，生刑过轻的情况不仅是法律规定层面的推断，更重要的是司法实践中大量犯罪人实际得到刑罚对待，这样的情况已经严重地影响到刑罚的公平性，对于这样确定的立法事实，刑法立法必须加以关注并作出相应的调整。一是对于客观存在的犯罪人类型予以立法考量，如对于75周岁以上老人的死刑不适用，对于极其严重犯罪人予以限制减刑、假释等；二是主刑的调整是切实可行的，在执行层面可以予以贯彻落实。

其次，主刑体系的调整也是充分地考虑了法益保护的必要性、有效性。主刑体系的设置合理和刑罚目的、功能的实现密切相关，修订前的主刑体系设置不合理，为犯罪的预防和矫正会带来一定的偏差，不符合立法事实论关于法益保护必要性和有效性的要求。对于主刑体系的修改，优化了刑罚的执行效果，对法益的保护有利。

同时，我们还要注意，主刑体系的修改虽然基本符合立法事实论的要求，但是个别刑罚的设置还有学者对立法事实论意义上存在质疑，其作为立法前提的立法事实并不是完全确定和客观的，对于法益保护也没有明显积极作用，不过不影响主体体系总体的科学合理性，最典型的莫过于终身监禁制度，在后面我们将详细探讨。

（三）在立法事实论指导下对主刑体系进一步完善构想

在立法事实论的指导下，虽然已经发生的主刑体系修正具有积极意义，也是符合立法事实的，但基于对形势变化的观察和立法事实的分析，笔者认为主刑体系还有进一步修订完善的空间：

1. 关于无期徒刑的最低实际执行年限

目前刑法关于无期徒刑的最低实际执行刑期还是只有13年有期徒刑，没有区别普通犯罪和严重犯罪，而数罪并罚中有期徒刑累计的情况最低实际执行年限为12年，没有质的区别。笔者认为，可以提高无期徒刑最低实际执行年限，使其与有期徒刑数罪并罚形成质的区别，至少提升至15年。同时，对于判处无期徒刑的犯罪也要根据严重程度加以区别对待，对于严重的暴力或有组织犯罪可以在普通犯罪的基础上再提升2年至3年。

2. 关于死缓的最低实际执行年限

刑法修订后，普通死缓的最低执行年限为15年，特殊死缓为20年和25年，三者相差过大，而且和无期徒刑实际最低执行年限过于接近，为此，我们认为可以适当将普通死缓最低执行年限增加2年至3年，而特殊死缓则相应提高。使得特殊死缓减为无期、25年，普通死缓降为无期、25年的情况，最低执行年限跨度分别为2年至3年的等差，跨度从18年到25年，这样的安排基本能协调刑度的合理分配，也可以满足不同犯罪人的矫正需要，是符合立法事实论的精神实质的。

四、终身监禁制度的产生和评价

（一）终身监禁制度的确立

《刑法修正案（九）》增加了对犯贪污、受贿罪的犯罪人，在判处死刑缓期执行的情况下，根据犯罪情节，法院可以决定其死缓2年期满减为无期徒刑之后，予以终身监禁，不得假释、减刑。这样规定本意是为了减少对贪污受贿罪的死刑适用，而且近年来对于贪污、受贿罪的死刑立即执行的判决大量减少，最严重的判决基本最高到死刑缓期的程度。而死缓制度在缓期到期之后可以根据具体情况减为无期徒刑或有期徒刑，加之减刑、假释制度的运用，使得死缓相对于死刑立即执行具有极大的等级差，两者之间的空隙巨大。在坚持慎用、少用死刑价值趋势下，势必在减少死刑立即执行判决的前提下，确定一个替代刑罚措施或执行办法。在立法过程中，终身监禁本来就是作为减少死刑罪名的替代措施予以提出的，其最开始的适用对象是恐怖主义、严重暴力犯罪等，但针对这些犯罪取消死刑的阻力过大，后来立法机关认为在慎用死刑的贪污受贿犯罪领域，终身监禁可以解决减少死刑立即执行判决的前提下，加大对该类犯罪人的处罚力度，防减刑、假释变相使得贪污受贿犯罪的刑罚整体减轻。[1]

（二）终身监禁制度的观点交锋

对于终身监禁制度，存在分歧：

支持的观点认为，我国无期徒刑的处罚力度有待进一步加强，经基本通过减刑、假释后，实际执行的刑罚也就十几二十几年，显然与无期徒刑设立的初衷相违背，在保障生命权的前提下，应当让犯罪人接受终身监禁的处罚，付出应有代价。[2]终身监禁的确立有利于严厉惩治贪污腐败犯罪，有助于改善“生刑过重、死刑过轻”的局面[3]，也有观点认为终身监禁在世界范围内都是死刑最好的替代措施，我们在取消死刑的立法过程中，在没有长期或超长期有期徒刑的制度措施下，也应该逐步建立

---

〔1〕 袁彬等：《刑法最新立法问题研究》，江苏人民出版社2016年版，第191~192页。

〔2〕 陈丽平：《走私核材料罪等不应取消死刑》，载《法制日报》2014年12月17日。

〔3〕 黄永维、袁登明：《〈刑法修正案（九）〉中的终身监禁研究》，载《法学论坛》2016年第3期。

终身监禁制度。

反对的观点认为，终身监禁制度不宜出台。理由主要有：单独对贪污受贿犯罪人规定终身监禁制度涉嫌违反刑法面前人人平等的原则，贪污受贿罪并不是最严重、最危险的犯罪，而且犯罪人因为无法再获得公职，几乎没有再犯的可能性，对其规定终身监禁制度缺乏必要性；死缓执行的严厉程度已经足够，犯罪人在监禁隔离20多年后，其再犯的能力和可能性大大降低；终身监禁使得犯罪人没有释放获取自由的可能，对于犯罪人改造来说基本中断其获取自由的合法途径。

此外，需要注意的是，对于终身监禁的创设性修改是否关涉《刑法》总则修改存在不同看法，有观点认为其在分则中规定，只是一种新的刑罚执行制度，并不涉及总则程度的立法，没有创造新的刑罚制度；有观点认为其实质是创设了一种新的刑罚，是对死刑缓期执行和无期徒刑执行制度、减刑和假释制度的实质修改，其实质是新的刑罚制度，对总则构成了实质修改。〔1〕

五、预防性措施的建立与完善

（一）预防性措施的立法进程

预防性措施是指与惩罚性措施相对而言，以预防为主要目的和功能的措施。〔2〕预防性措施是以人身危险性为出发点，关注的是再犯可能性，〔3〕预防和惩罚本就是刑罚的目的，只是在具体到个别刑罚方法时，侧重点有所不同。我国刑罚措施中绝大多数刑罚措施是以惩罚为显著目的，预防的

〔1〕 魏东：《刑法总则的修改与检讨——重点针对〈刑法修正案（九）〉》，载《刑法解释》2016年第2卷，法律出版社2016年版，第151~152页。
〔2〕 袁彬等：《刑法最新立法问题研究》，江苏人民出版社2016年版，第204页。
〔3〕 游伟、陆建红：《人身危险性在中国刑法中的功能定位》，载《法学研究》2004年第4期。

功能这些刑罚措施同样也有，但主要是附带的、隐性的。有一些刑罚措施的预防特征要鲜明一些，其预防的属性强于惩罚的属性。主要有：管制，不予关押，限制一定自由，在管制期间遵守一系列规定，是主刑里面非监禁措施，甚至比行政强制措施、处罚措施的力度还小，其预防的特性明显强于惩罚；剥夺政治权利，即剥夺犯罪人参与政治、实施管理的权利，预防的意味大于惩罚；缓刑，即有条件的不执行刑罚的制定，其预防性的特征非常明显；非刑罚处罚措施，主要体现在《刑法》第 37 条规定的免予刑事处罚时予以训诫、赔礼道歉、责令具结悔过、赔偿损失等，以及有相关部门予以行政处罚或行政处分。

《刑法修正案（八）》之后出现了一系列新的典型预防性措施，是以往刑法制定中没有的全新措施，这些措施充实了预防性措施的内容，并且具有相当程度的创新价值，预防效果明显。一是刑事禁止令，对于管制、缓刑等非收监执行的犯罪人，刑法立法新增了刑事禁止令制定，具体来说就是对于判处管制犯或宣告缓刑的犯罪人，根据情况禁止其进入特定场所、区域，禁止接触特定人，禁止从事特定活动。这些规定是典型的预防性措施，旨在最大化地防止犯罪人再次实施犯罪，从外部环境上隔断极易引发其再犯的可能性要素，达到主观上抑制犯罪人犯罪动机的目的，预防性的特征十分明显。二是职业禁止制度，针对因职业便利实施腐败犯罪的行为人，在其刑罚执行完毕或假释之日起，予以 3 年至 5 年禁止从事相关职业的处罚，其实质是剥夺行为人从事导致其犯罪的职业的资格，预防性特征同样突出。

（二）预防性措施的观点争鸣

关于预防性措施的定性的争议。首先，预防性措施是不是刑罚措施？支持的观点认为其具备了附加刑的实质特征，具有充分的刑罚特性，是预防性和剥夺性并存的措施，是实质的刑罚措施；反对的观点认为其没有在总则中关于刑罚制度的部分予以明确规定，根据罪刑法定原则，不易直接将其划为刑罚。其次，预防措施是不是保安处分？支持的观点认为禁止令等预防措施和保安处分在本质上都是预防犯罪，功能上趋于一致；反对的观点则认为禁止令等预防措施是以刑罚为前提，而保安处分不以刑罚为前提，其可以基于预防犯罪的目的剥夺有犯罪倾向的人的权利，我国现行刑法没有真正意义上的保安处分。

预防性措施有无设立必要？有人认为没有设立必要，其观点为预防性措施和行政处罚措施接近，通过行政法规的修订即可，而且效果不好，不利于犯罪人回归社会。

对于预防性措施的适用范围有不同看法。主要体现在“职业”范围应当予以明确，应当限制前序犯罪的范围，应当区分故意和过失犯罪的适用门槛，从业禁止的期限应当缩短或延长等。

关于违反从业禁止令的法律后果有争议。主要是对由公安机关予以处罚有争议，对于职业禁止是否可以考虑行业主管部门予以处罚，效果和执法便利都有保障；对于从业禁止的监管人员缺乏明确性规定，公安机关没有监管的法律依据等。

（三）立法事实论下的预防性措施科学化

首先，增设禁止令、从业禁止等预防性措施符合立法事实论的内在要求。立法事实论在刑罚等相关措施设立上要求必须立足于确定的客观事实，对于预防性措施来说，也是必须立足于客观和确定的立法事实。禁止令等预防性措施是以预防犯罪为目的，充分论证拘役、缓刑中犯罪人极易产生再犯可能性的因素，在此基础上提出刑事禁止令；从业禁止令是从腐败犯罪产生的职业条件入手，剥夺有前科人员再犯的客观条件，符合客观实际情况。可以说禁止性的预防措施是立足于预防犯罪的客观事实，合乎犯罪防控的客观实际要求，有利于预防犯罪的刑罚目的的实现。

其次，预防性措施是独立的制定设计。第一，预防性措施不是刑罚制度，也不是非刑罚制度，是第三种制度——禁止令（三禁止+从业禁止），它兼具刑罚制度和非刑罚制度的特征。第二，预防性措施也不是保安处分，其和保安处分的适用前提等均不相同。可见，预防性措施的定性仍然是具有极大的不确定性，不管将其定性为何种措施，其最大的问题是本身来源于刑法的规定，但定性和地位都没有体现在刑法的规定中。基于立法事实论，刑罚的设立有利于法益的保护就具备了立法的科学性，而禁止令的出现确实有利于犯罪人的矫正，保护法益，但其性质的不明确也是最大的弊端，不符合立法事实确定性的要求，为了使其能稳定地服务于法益保护，其定性有必要在刑法中予以确认，将其列为附加刑是最合理的途径，也是保证现有刑罚体系稳定性前提下，行之有效的处理方式。

最后，预防性措施的建立必须立足于预防犯罪的根本目的，但是也必须是有限度的。一是预防性措施内容的选择必须基于确定、可靠的事实论证，不能将实验性、推测性的措施直接纳入；二是不能出于预防的目的而恣意使用各种手段，还必须考虑手段的必要性、有效性，如果有更好、更经济的手段则没有使用其他手段的必要性，防止为了预防而肆意加重犯罪人负担的情况出现，其结果反而使预防性的措施变成了惩罚性的措施，偏离了建立预防性措施的根本目的。

互联网金融刑事风险及其防控[*]

郭泽强[**]

互联网金融是指互联网技术和金融功能的有机结合，具有普惠金融、平台金融、信息金融等不同于传统金融的新型模式。技术创新与金融的结合使得互联网金融在新时代有了十足的动力，层出不穷的业务创新，大量涌现的金融模式，不断更新的金融产品，让互联网金融迅速在金融领域扎根生长。目前，随着移动端的互联网技术、云计算、大数据、人工智能、区块链等新型技术的发展和广泛运用，大量的企业可以借助信息技术开展网络金融服务，尤其是大型的电子商务或者互联网公司，依托于流量，与传统金融机构同台竞争。金融发展与技术创新在繁荣经济的同时带来了巨大的风险，极易诱发各类犯罪。有必要对风险进行评估，建立有效的防控机制。

* 本题系国家社科基金重大项目：《网络金融犯罪的综合治理》（编号 17ZDA148）的阶段性研究成果；也是中南财经政法大学法治发展与司法改革研究中心暨湖北法治发展战略研究院重大课题：《生态文化视野下互联网金融之刑法介入研究》（FZFZZB（2018）A04）之阶段性成果。

** 郭泽强，中南财经政法大学刑事司法学院教授，中南检察研究院执行院长，法治发展与司法改革研究中心互联网犯罪治理首席专家。

一、风险评估：互联网金融犯罪之实证考察分析

（一）互联网金融犯罪类型分析

在互联网金融发展过程中，互联网金融犯罪层出不穷。互联网金融犯罪的概念，最早来自2015年7月18日中国人民银行等十部门发布的《关于促进互联网金融健康发展的指导意见》。这是涉互联网新型金融业务模式中出现的新型犯罪，包括互联网金融平台提供者、互联网金融业普通参与者的犯罪和以互联网为对象的扰乱金融秩序犯罪，换言之，即互联网金融业务犯罪及针对该业务和互联网金融机构的犯罪。

互联网金融下的P2P〔1〕网贷平台、众筹平台、第三方支付等可能成立非法吸收公众存款罪、集资诈骗罪等，具有极大的涉众性，侵犯普惠金融的秩序。以2013年至2019年7月为时间段，在北大法宝上以“P2P”“刑事案件”为关键词进行检索，共检索出1083份判裁判文书，其中集资诈骗犯罪案件裁判文书198份，非法吸收公众存款犯罪案件裁判文书822份。以“众筹”“刑事案件”为关键词，共检索出591份裁判文书，其中明确案由的集资诈骗犯罪案件裁判文书111份，非法吸收公众存款犯罪案件裁判文书291份。

表1　北大法宝相关案件检索情况

	总案例	集资诈骗罪	非法吸收公众存款罪	占比
P2P	1083	198	822	94.2%
众筹	591	111	105	36.5%
第三方支付	2201	97	442	24.4%
数字货币	66	1	10	16.7%

〔1〕 注：指互联网金融。

由统计可见，非法吸收公众存款罪和集资诈骗罪在互联网金融领域大量出现，尤其是在P2P网贷平台和众筹平台的运作之中。在第三方支付和虚拟货币相关的金融活动中，还存在大量非法经营，组织、领导传销活动的行为，会构成相应的犯罪。

1. 非法吸收公众存款罪。根据《刑法》第176条的规定，非法吸收公众存款或者变相吸收公众存款，扰乱金融秩序的行为构成非法吸收公众存款罪。根据《最高人民法院关于审理非法集资刑事案件具体应用法律若干问题的解释》，非法吸收存款罪要满足以下条件：未经有关部门依法批准或者借用合法经营的形式吸收资金；通过媒体、推介会、传单、手机短信等途径向社会公开宣传；承诺在一定期限内以货币、实物、股权等方式还本付息或者给付回报；向社会不特定对象吸收资金。即非法性、公开性、利益性和广延性。诸如P2P网贷平台和众筹平台，其本身涉众广，又具有回报资金，很容易满足本罪的构成要件。

2. 集资诈骗罪。集资诈骗罪是指以非法占有为目的，使用诈骗方法非法集资，数额较大的行为。集资诈骗罪与非法吸收公众存款罪的区别在于：一是行为方式不同，即集资诈骗罪要求以欺诈的方法来骗取集资款，如行为人采取虚构集资用途，以虚假的证明文件、高回报率作为诱饵来骗取集资款；二是集资诈骗罪要求行为人具有非法占有集资款的目的。网贷或者众筹平台如果未将资金用作正常的生产经营，往往会被认定为具有非法占有的目的。

3. 擅自发行股票、公司、企业债券罪。擅自发行股票、公司、企业债券罪是指未经国家有关主管部门批准，擅自发行股票或者公司、企业债券，数额巨大、后果严重或者有其他严重情节的行为。在互联网金融条件下，通常股权众筹可能成立该罪。2013年闹得沸沸扬扬的某传媒在网络销售平台上以出售会员卡的方式变相售卖原始股权的事件就是金融创新引发擅自发行股票、公司、企业债券罪的一个很好的佐证。

4. 非法经营罪或者擅自设立金融机构罪。许多互联网金融服务提供方并没有相应的牌照，无牌照的经营合法性已被官方否决。在没有批准的情况下开展相应金融业务就可能构成本罪。而像之前一些 P2P 网贷平台引入的放款人的风险保障机制，事实上也会被认定为一种非法经营行为而构成犯罪。[1]

5. 洗钱罪。互联网金融中的网络交易和数字化流转为洗钱提供了方便。尤其是在第三方支付平台的帮助下，因为增加了资金的流转环节，而且交易便捷，足不出户便可以单方完成操作；加上网络提供的隐蔽性，极易掩盖交易资金的来源和去向，[2]洗钱罪也成为互联网金融中的高发犯罪（如表 2 所示）。

表 2　涉互联网金融犯罪占比

	总案例	组织、领导传销活动罪	占比
第三方支付	2201	130	6%
数字货币	66	52	78.8%

6. 组织、领导传销活动罪。该罪往往以推销商品或提供服务等经营活动为名，要求参加者以缴纳费用或者购买商品、服务等方式获得加入资格，进而开展一系列的骗局。由于互联网金融带来许多新型金融产品和服务，往往被犯罪分子利用欺骗大众，骗取财产，扰乱市场秩序。由上表可知，该罪主要发生于和数字货币有关的金融活动中，占比近 80%。如在李某晨等组织、领导传销活动案中，犯罪分子在境外搭建 U 币虚拟货币网络交易平台，宣称 U 币项目合法经营并受监管，投资 U 币项目具有升值前景，引诱投资者不断发展下线，骗取数千万元。

刑法作为“二次违法”的判断依据，在互联网金融模式中以行政违

[1] 刘宪权：《论互联网金融刑法规制的“两面性”》，载《法学家》2014 年第 5 期。

[2] 张英：《互联网金融创新下的经济犯罪防控机制探究》，载《暨南学报（哲学社会科学版）》2018 年第 8 期。

法为前提。由此带来刑法适用的问题，因为互联网金融平台的创新产品往往在行政法上“未经许可”，其与非法集资的界限该如何区分，尤其在创新失败、导致各参与者经济损失时能否直接适用刑法就成为难题，这也影响了刑法在规制互联网金融犯罪时的效果。

（二）科技背景下互联网金融风险之新变化

随着互联网金融新的发展，异化的风险和犯罪也有了新的变化和特征。国家层面从 2014 年、2015 年起支持互联网金融健康发展，到 2016 年、2017 年、2018 年三年强调打击金融诈骗、非法集资从未有变。而在 2019 年的政府工作报告中，未曾提及互联网金融，却在金融领域提及 23 次“风险”问题，可见，在新时期下，互联网金融的风险以及犯罪问题仍然是对互联网金融关注的重点。

在新时期下，互联网金融的风险更多是在金融科技之下产生的。根据金融稳定理事会的定义，金融科技是“技术带来的金融创新，它能创造新的模式、业务、流程与产品，从而对金融市场提供的服务和模式造成重大的影响，既可以包括前端产业也包含后台技术”。金融科技从小处着手，慢慢形成引领金融行业的技术导向。如移动支付不仅满足日常小额支付，大额交易也完全能够胜任。而区块链技术更是让交易无须借助第三方信用中介开展经济活动，帮助消费者享受到以前无法企及的普惠金融服务。

在金融科技的影响下，当前互联网金融领域的风险有了以下变化：

1. 金融创新风险不断。互联网金融的本质是一种金融创新，包括新的组织模式、交易形式、金融产品、服务理念等。而新的产品、服务、模式出现自然会带来新的未知风险。比如信用卡诈骗，在信用卡这一新型金融创新产品出现后，信用卡诈骗随之而来。随着互联网金融的发展，犯罪分子利用第三方支付平台充值再提现的方式恶意透支，极大地增强了传统的信用卡风险。互联网金融创新带来的新的违法犯罪手段越加多样化。校园贷、套路贷乱象频现，虚拟货币炒作盛行甚至有关犯罪这些问题都是伴随金融科技发展产生的。

2. 技术风险突出。互联网金融依托于互联网技术的发展而兴起，而如今大数据、人工智能、云计算、区块链等技术的发展和运用进一步扩展了互联网金融的纵深。技术的发展带来诸多问题，一是在监管方面，由于其具有跨市场跨行业的特点，就要求不同的行业和不同的监管机构协同合作解决风险。二是业务安全问题，在数字化的大背景下，金融机构账户、渠道、数据、基础设施等方面的关联性不断增强，业务连续性的管理难度增大。三是大数据和信息技术的大量使用，数据和信息的安全成为问题。由于当下金融科技的突出特征就是数据庞大、集中性强，一旦金融风险在短时间内突然爆发，进行化解的难度巨大。技术创新引发的技术漏洞必然存在技术风险，技术风险被不法分子利用则可能产生网络犯罪。[1]有组织，大规模的网络攻击时有发生。如在大数据技术的推动下，网络金融犯罪呈现出犯罪主体智能化、职业化乃至身份的虚拟化，手段技术化、数字化，活动国际化和危害严重化等广角度多维度的特征，给网络金融活动造成严重危害后果。[2]

3. 信用风险深化。2018 年 P2P 网贷平台大量爆雷退场，出现了严重的信用危机。根据“网贷天眼”的数据，在 2018 年，网贷成交额结束了 4 年的持续性增长，出现了成交额的首次下降，P2P 网贷的信用风险给整个行业带来了深刻影响。互联网金融从零星监管直接到大刀阔斧改革，2018 年监管部门推出大量新政，对互联网金融进行改革，前期埋下的隐患都集中于此时爆发。随着监管深化，信用风险也将继续凸显。尤其在我国，互联网金融平台担负了一部分信用中介的职能，但平台承担过多的信

---

〔1〕 张成虎、武博华：《金融和技术创新视角下网络金融犯罪的形成机理与治理策略》，载《西安交通大学学报（社会科学版）》2019 年第 1 期。

〔2〕 徐汉明、张乐：《大数据时代惩治与预防网络金融犯罪的若干思考》，载《经济社会体制比较》2015 年第 3 期。

用身份，必然带来严重的信用风险。如果不能对金融科技发展施以灵活的监管，信用风险的问题将无法解决。

随着技术的进步和金融的创新，金融科技使资金的提供者和需求者之间的交易费用下降，带来高效率和低成本的同时，金融风险隐蔽性、突发性、传染性和负外部性不仅存在，而且在技术加成下，传递更快，波及更广。所以金融科技带来的新风险需要金融监管和法律规制的积极回应。

二、技术支撑：金融风险防控的监管科技化

面对日新月异的金融科技，传统的监管方式已显疲态，改进监管策略势在必行。金融创新和金融监管既是相互抑制，也是相互促进，金融创新推动了监管方式的改革，而监管方式的革新也能规范金融创新，保障金融发展。今天在跨境电子支付、跨国证券交易及其清算体系等领域，监管者和金融创新部门伴随着技术和监管解决方案，长期进行着紧密合作。随着监管者信息自动申报系统、人工智能和深度学习等金融科技的快速增长，自动化市场监管、消费者保护和审慎监管等现代监管领域的发展潜力也越发明显。[1]监管科技的概念由此而生，并得以发展。

英国金融行为监管局最早提出了监管科技的概念，并将监管科技描述为“运用新技术，促进达成监管要求”，即金融机构利用新技术更有效地解决监管合规问题，减少不断上升的合规费用。有学者提出，监管科技可以定义为“科技和监管的有机结合”，也就是将科技运用于监管，帮助金融机构满足监管要求。监管科技基于大数据、云计算、人工智能等新技术，能够实现对金融运行的灵活监控，维护金融体系的稳定，保障消费者权益。不同于传统监管的滞后性，监管科技随着科技创新一同发展，甚至能够对金融创新起导向作用。

---

〔1〕 许多奇：《金融科技的“破坏性创新”本质与监管科技新思路》，载《东方法学》2018年第2期。

为了更好地发展监管科技，需要从以下几个方面着手：

一是转变监管理念。由于传统金融行业有固定的金融机构，运营规范、信息较为透明。传统的监管理念在应对更为灵活和多样化的互联网金融时难免会脱节。传统的监管已无法有效隔离风险，“一行三会”的分业监管模式也难以满足跨行业的金融模式。〔1〕大大小小的互联网金融企业都利用大数据技术进行数据的处理和分析，产生海量的分析报告，而监管机构面对如此多的报告也不可能亲力亲为。金融监管机构需要学会掌握和运用新技术，通过大数据、自动化、人工智能等手段建立基础模型，提升监管数据收集、整合、共享的实时性，进而扩大监管范围，提高监管的灵活性。

二是建立科技型监管。首先在信息监控方面，传统监管方式要求金融机构向社会披露信息，然而披露者往往会使用假数据或者拒绝提供，这点在互联网金融中体现得尤为明显，而信息不对称是导致金融系统脆弱的原因之一，信息风险是互联网金融风险之一。在科技监管下，“监管者可以借助科技手段及时有效地获得数据，监管由被动变为主动”。〔2〕一来可以借助大数据和云计算构建数字化社会，建立起涵盖各类金融机构、金融基础设施、金融交易行为、行业协会等的数据收集体系，通过对数据的及时收集和比对分析，更早发现异常交易或可疑行为。二来可以利用区块链多中心化、数据不可改的特点，降低信息不对称的程度，减少可能因为信息不对称带来的监管问题。如2017年开始建立的“网络支付清算平台”（“网联”），能够对行业的数据信息进行有效分析，预判行业风险、监测机构违规行为，最终实现监管者对非银行支付机构资金流动的宏观监控。

其次是建立动态管理机制。科技监管能够让监管更加透明化与自动化，从而使合规程序更加完善。借助科技手段优化合规流程，能够实现更

〔1〕 孙国峰：《发展监管科技构筑金融新生态》，载《清华金融评论》2018年第3期。

〔2〕 杨东：《监管科技：金融科技的监管挑战与维度建构》，载《中国社会科学》2018年第5期。

加高效的合规管理，更好地进行监管。如人工智能和深度学习可以提供自动化的消费者保护、市场监测和审慎监管。还可以通过将金融监管规则代码化，让机器或者人工智能来进行自动化处理，及时对新的规则作出反应，避免风险。另外，构建大数据分析和风险预警机制。通过强大的数据分析能力对收集到的海量数据进行评价，实现同步监管跟踪，为事中事后监管提供强有力的证据依据并及时发现问题，为消费者提供指导。

最后需要探索新的模式，如英国的“监管沙盒”，即提供一个不受当下金融监管体制监管的“安全港”，在这个小型的真实市场内，公司在获得准入资格后，就可以在其中对自己的金融创新产品、服务和模式进行实验，及时发现该金融创新的缺陷与风险，介入寻求解决方案。[1]在风险尚不明朗、规则难以确定的情况下，先进行试验田性质的“监管沙盒”，围绕金融创新、风险控制、消费者权益保护进行探索，在互联网金融机构和监管部门之间建立起可信赖的、长久的、稳定的规范评估机制，既能避免过度监管带来的抑制创新的问题，也能对风险进行有效控制。

三是建立适应性监管。这是指在金融科技创新所导致的金融领域变化迅速的情况下，要在保障金融法律规定基本稳定的基础上，赋予监管机构依据及时更新的信息在制定和实施金融监管规定上享有更大的自主权，以及赋予被监管机构通过制定内部规则实现合规的自主权。[2]因为行政法领域认为包括立法主体在内的行政主体都是有限理性，各主体占有的行政法信息不完全但具有较强的互补性，行政法主体依据一定的相互作用规则通过博弈形成均衡。[3]因而在监管科技背景下，由于大数据及其分析能力远超过去，对信息的处理能力大幅提升。金融监管机构能够根据所得信息及时调整监管机制从而对相关规定以及法律法规加以改变。由于互联网

---

〔1〕 柴瑞娟：《监管沙箱的域外经验及其启示》，载《法学》2017年第8期。
〔2〕 周仲飞、李敬伟：《金融科技背景下金融监管范式的转变》，载《法学研究》2018年第5期。
〔3〕 宋功德：《行政法的均衡之约》，北京大学出版社2004年版，第31页。

金融市场的变化迅速，金融监管机构对监管规则的及时调整能够有效满足金融发展的需要，对市场的反馈及时作出调整。而监管机构的规定往往是最底线的要求，所以被监管的金融机构应在符合金融监管规则规定的监管要求的前提下，自行制定更加审慎和严格的要求。

三、制度演进：互联网金融的规制之前置法完善

除运用监管科技加强对互联网金融的管控外，法律作为顶层设计需要进一步完善，尤其是行政法规。因为我国目前对互联网金融的规制主要集中于行政法领域，行政法的完善有助于加强对互联网金融风险的管控，并为刑法的“二次违法”提供依据。综观世界上其他国家可以发现，对互联网金融的管控也主要集中于行政法规的设置和规定上。由于社会的需要和发展往往都是走在法律的前面，法律的滞后性不可避免，特别是互联网金融的发展，使得行政法规不得不及时做出调整。

1. 加强信息披露和征信体制建设

行政法规的设置不仅要对互联网金融的风险进行规制，还要满足互联网金融创新的需要，而互联网创新的能力在于降低交易成本。在传统金融交易中，银行受不对称的信息影响个别情况下难以为中小企业提供融资。但在互联网金融时代，信息技术的发展降低了信息获取的难度，减少了双方交易所需的步骤和时间，从而降低了交易成本。根据这样的逻辑可以得出行政规制的路径，即增强信息交流，加强信息披露和信息获取机制建设。比如当前建立的全国互联网金融登记披露服务平台，公众可以通过登录登记披露平台集中查询网贷会员机构提供的融资项目关键数据（已脱敏），包括借款金额、借款期限、借款用途、年化利率、借款人基本信息、借款人收入及负债情况等，减少了此前金融消费者与网贷机构之间存在的信息不对称。这样既有利于监管部门通过将项目信息、运营信息、合同信

息及资金存管流水信息进行多方比对，加强对金融机构的监管，同时也能够降低交易成本，促进金融创新。除此之外，还有征信体系的建立，征信体系是降低信息不对称及规制信用风险的重要金融市场基础设施。中国人民银行批准了国家首个市场化的个人征信机构，即百行征信有限公司，目前百行征信已经签约接入了600多家机构的信用信息。征信体系的完善将会大幅度提高信息的透明度，减少交易成本。而各地征信标准的统一、各金融机构数据共享还需进一步完善，处理好信息披露与保护企业商业秘密之间的关系问题，减少信息分散。

2. 提高市场准入门槛

除减少信息不对称外，行政法作为刑法规制的前置法还需要在市场准入方面对互联网金融机构进行严格的管控。要提高互联网金融从业的准入门槛，应根据P2P网贷平台、众筹平台和第三方支付机构不同的法律地位和经营形式，确定不同的市场准入机制。一是机构特许经营。只要从事金融业务，无论是什么形式都必须实行准入制度，特别是对于涉众投资的互联网金融业务更要实行前置审批。只有通过严格的审批制或者备案制将从事金融活动的主体纳入监管范围，才能做到有效地规范互联网金融活动。目前，互联网小贷、互联网支付等部分互联网金融业态实行了前置审批制；虽然P2P网贷目前提出来的是备案制，基于网贷行业复杂性及风险还未得到彻底出清的现状，无论最终是备案制还是审批制，一定会有一个硬性和软性的门槛标准出台作为准入方式，比如要将借贷规模与实收资本挂钩，健全合格投资者机制。二是业务模式及产品准入。就是要对所有以互联网或其他金融科技工具从事的金融业务或产品实行前置准入或者备案。互联网金融也应该将所有的互联网金融产品、业务模式说明、风险提示、合法合规说明等材料交由相关机构进行产品备案，在“监管沙箱”里获得认可后方可进行推广。这种方式将互联网金融机构可能产生的违法违规产品扼杀在源头，驱使互联网金融机构提升专业度，进一步维护投资者利益。

四、价值重塑：刑法介入“新保守主义”之展开

互联网金融带来的风险是金融创新的必然产物，是为了金融领域发展付出的不可避免的代价。但利用金融创新的名义，违反法律规定，破坏金融秩序，侵犯公民财产权益的行为就必须受到刑法的规制。

关于互联网金融犯罪的刑法介入，实际上涉及价值观念层面的探究，对此学界主要有两种主张。一种观点是“缓和违法一元论”，该说认为刑法的介入应当克制、谨慎。正如有学者指出，基于互联网金融所具有的巨大创新价值，刑法只能适度规制而绝对不能过度干预，否则会适得其反，将互联网金融创新扼杀在“摇篮”之中。[1]刑法在执行中应该对金融探索活动保持应有的克制，为探索行为预留更大的法律空间，营造更宽松的法律环境。[2]另一种观点是扩张说，该说则认为应当扩大刑法对互联网金融犯罪的规制。如有学者指出，当前互联网金融犯罪的类型不断增加，犯罪的形势十分严峻。互联网金融监管尚处于起步阶段，监管措施比较薄弱以及多种因素的现实制约，促使互联网金融犯罪易发多发，互联网金融的治理亟须刑法介入。为了有效打击互联网金融犯罪，刑事司法亦要及时跟进，增强刑法的灵活性和适应性。[3]还有学者提出现代刑法发展应当从“厉而不严”走向“严而不厉”，“严”就是要不断严密刑事法网，弥补刑法立法的先天不足，这就要求当前必须以相对积极的态度处理网络犯罪问题。扩大互联网金融的刑法规制范围，有利于司法实践中应对和处理互联网金融领域出现的疑难问题，避免有风险的创新行为误入犯罪泥潭。[4]

---

〔1〕 刘宪权：《论互联网金融刑法规制的“两面性”》，载《法学家》2014年第5期。

〔2〕 贺鲲鹏：《金融探索与刑法介入的临界研究——以辽宁自由贸易试验区为例》，载《沈阳大学学报（社会科学版）》2019年第2期。

〔3〕 卢鹏：《互联网金融犯罪急需刑法应对》，载《检察日报》2016年第3期。

〔4〕 王志祥、单奕铭：《互联网金融犯罪刑法规制探究》，载《辽宁师范大学学报（社会科学版）》2019年第3期。

本文原则上认同采取缓和违法一元论的观念，因为违法多元论者对法秩序统一的忽视失之偏颇。缓和的违法一元论同样承认行政违法和刑事违法存在“质”的区别，行政法和刑事法各自规制的任务和目的、关注的重点不同，即使在行政犯的场域，刑法相对性仍不能忽视。〔1〕在行为不法的“质”和“量”尚未达到刑事介入的要求时，该行为由前置法诸如行政法进行规制，此时行为仅仅是一般违法行为，而刑法只对二次违法的行为加以规制。

但是，我们认为，缓和违法一元论也需要与时俱进，根据实践的新情况予以适当完善，故本文提出“新保守主义”的观点，认为互联网金融刑事政策应遵循“立罪至后”的逻辑规则。在保证互联网金融良好发展的背景下，针对部分违法行为首先考虑民事或者行政处罚，只有对严重的犯罪行为才考虑刑法的介入。在互联网金融犯罪防控和治理中，监管机制以及阶梯式的法律规制十分重要。刑法的合理介入必须先厘清行政监管和刑法规制的范围，对刑法所要保护的财产权益进行明确。“新保守主义”之“新”主要体现在：

一是要考虑对市场准入秩序的违反。市场准入是我国法律中预防经济犯罪的“第一道门槛”，虽然根据最高人民法院、最高人民检察院、公安部《关于办理非法集资刑事案件适用法律若干问题的意见》第 1 条的规定，行政部门对于非法集资的性质认定，不是非法集资刑事案件进入刑事诉讼程序的必经程序。但本文认为违反市场准入秩序是许多互联网金融犯罪的“一般违法”行为，必须有明确违反《行政诉讼法》的规定才可以进行刑法规制的二次判断。如对于 P2P 网贷平台而言，我国法律缺乏细致、明确的规定，政策性调控较多，但其高风险且容易滋生犯罪的行为也与违反行政许可有极大的关系。按照行政许可的规定，如《网络借贷信息中介机构业务活动管理暂行办法》明确提出不得吸收公众存款、不得归集

〔1〕 孙国祥：《行政犯违法性判断的从属性和独立性研究》，载《法学家》2017 年第 1 期。

资金设立资金池、不得自身为出借人提供任何形式的担保等。虚假宣传并承诺高额利息可以说是P2P网贷平台吸引投资者投资的“惯用伎俩”，也是形成较大资金池的手段。在形成资金池之后，虚构借款或投资标的就成为进一步攫取公众财产的方式。而大肆挥霍集资贷款也是形成资金池后的行为。由此可见，对P2P网贷平台而言，归集资金设立资金池这一违法行为具有严重的危害性，属于对市场秩序的严重违反。再如众筹，因为项目发起人筹资的过程，属于向社会不特定公众募集资金并且在特定账户形成资金沉淀的行为，所以可能会触犯非法吸收公众存款罪。那么根据《商业银行法》第81条之规定〔1〕，构成本罪需要的是没有国务院银行业监督管理机构或者中国人民银行的批准，只有在未经批准的情况下才有可能构成此罪。不管是P2P网贷还是众筹或是第三方支付平台，随着当前有关互联网金融行业的市场准入规定的完善，“前置法”的缺失得以弥补，刑法更应当遵循二次违法原则，保持谦抑性，保证金融创新的环境。

二是在方法论上，入罪时进行限缩解释。互联网金融犯罪行为要体现出对普惠金融秩序的破坏，主要表现为对不特定公众财产权的侵害或威胁。如对于非法吸收公众存款罪中“集资款用途”进行合理限定，吸收公众存款用于货币、资本经营以外正当的生产、经营活动的并不宜认定为犯罪。对于非法集资要结合“构成要件”“案件事实”“处理结论”等多方面进行独立判断，不仅要求侵犯金融秩序，而且实质侵害须“还原为法益”，威胁或侵害公众的财产权。再如对非法集资中的“非法占有目的”的解释，不能仅凭较大数额的非法集资款不能返还的结果，推定行为人具有非法占有的目的，而且在行为人将大部分资金用于投资或生产经营活动，而将少量资金用于个人消费或挥霍时，不应仅以此便认定行为人具有

〔1〕《商业银行法》第81条规定，未经国务院银行业监督管理机构批准，擅自设立商业银行，或者非法吸收公众存款、变相吸收公众存款，构成犯罪的，依法追究刑事责任；并由国务院银行业监督管理机构予以取缔。

非法占有的目的。对第三方支付所涉及的财产类犯罪，应将互联网金融下的财产犯罪的入罪标准明确到有财产损失或财产损害的危险程度，才能够将其入罪。而对于数字货币，现在在我国以“特殊的虚拟商品”的地位出现，在法律规范未有明确规定前与之相关的刑事案件应根据“存疑有利于被告人”的原则对刑法适用范围加以限缩。通过对犯罪构成的限缩解释，保证刑法只是保护法益的最后手段，只有当其他法规范的保护没有效果或者并不充分时，才能发动最后手段。

互联网金融犯罪治理初探

兰跃军　张一鸣*

互联网金融作为金融创新产品，是未来金融发展的趋势。把“互联网+”元素融入传统金融活动，极大地促进了我国社会主义市场经济的发展。同时，互联网金融的蓬勃发展也对法律规制提出了更高的要求。由于互联网金融展现出的全新特性和其本身涉及的业务模式，极易成为滋生如非法经营罪、非法吸收公众存款罪和集资诈骗罪等犯罪的温床，因此，互联网金融领域迫切需要完备科学的刑事法律制度加以规制和监管，从而保证国家金融市场的健康运行与繁荣稳定。

一、互联网金融犯罪的表现形式与特征

金融领域本身就是一个高风险行业，互联网金融活动相较传统金融而言，拥有成本低廉、运作迅速等优势。近年来，互联网经济迅速发展，但其监管相对薄弱、滞后。经济运行领域的各种新问题、新矛盾不断显现，互联网金融犯罪手段不断更新，呈现出更隐蔽、更智能、涉众更广等特点。

---

* 兰跃军，上海大学法学院教授；张一鸣，上海大学法学院法律硕士研究生。

（一）互联网金融犯罪的表现形式

互联网金融犯罪并不是一个罪名，“互联网金融”模式是以社交网络、移动支付、搜索引擎以及云计算等现代互联网信息科技而产生的，既不同于传统银行间接融资模式，也不同于资本市场直接融资模式的第三种融资模式。[1]互联网金融犯罪，就是以互联网信息技术为载体的金融犯罪，它是借助互联网技术实施的危害正常社会秩序以及侵犯公私财产所有权的犯罪行为。随着互联网技术的发展，互联网金融犯罪作为一种新型犯罪出现于金融市场中，主要有四种表现形式：1. 非法集资罪。它集中表现为，通过建立网站、发布广告等宣传方式，宣扬显著高于银行同期利率的利息来吸引公众投资，并且在前期会兑现部分利息，但是在吸引更多投资后，就关门跑路。2. 非法吸收公众存款罪。这种犯罪在网贷领域极易发生。一些平台在吸收公众存款后，私设“资金池”，进而触犯非法吸收公众存款罪；也有一些平台利用“庞氏骗局”吸收存款，通过“借新钱还旧账”套路，短时间内募集大量资金用于自己生产经营。3. 洗钱犯罪。互联网金融平台对资金来源审查核实的监管有限，这为洗钱犯罪提供了便利。第三方支付平台、P2P 等模式都存在交易匿名性、隐蔽性的特征，使得不法分子有机可乘。4. 银行工作人员职务犯罪。在实务中，存在个别银行工作人员串通互联网金融企业，通过向储户许以高额利息，吸引储户将钱转投到互联网金融企业，在资金不入账的同时，违规出具金融凭证给储户的现象；还存在银行工作人员帮助互联网金融企业伪造、变造金融机构营业许可证照等违法情形，构成职务犯罪。这些犯罪以各种形式侵害国家、社会和个人法益，危及国家金融稳定和社会秩序，亟待治理。

---

〔1〕 李振林：《“互联网金融犯罪的防控与治理”犯罪学沙龙》，载《犯罪研究》2014 年第 4 期。

（二）互联网金融犯罪的特征

互联网金融犯罪，是以互联网与信息技术为载体的一种金融犯罪。一方面，金融是一个复杂系统，金融犯罪由于其本身与经济活动密切相关，金融活动的运作又具备复杂的流程和需要使用专业技术，同时规模又极为庞大、业务种类繁多、所面向的受众广泛且不确定，从诞生之初就有隐蔽性的特点。另一方面，互联网是世界通信技术发展的革命性产物，让信息传播速度以几何级数爆炸式提升，因此，互联网金融犯罪也具有其他经济犯罪所不具备的极快的传播速度，同时，它还有地域跨度极广的特点，破坏力极强。

相较于传统犯罪而言，互联网金融犯罪具有四个方面较为突出的特征：一是犯罪行为高智商化。互联网金融犯罪属于专业型和技术型犯罪，犯罪分子不仅要清楚地掌握相关的计算机和互联网技术，而且要了解金融专业知识，可以说，在一定程度上是两种犯罪行为的结合。从司法实践看，该类犯罪行为人至少具有初中以上文化程度，而且都能够熟练操作计算机，运用互联网技术，具备金融和法律等专业知识。二是犯罪手段多样化。互联网技术的飞速推广普及，为犯罪分子实施各种互联网金融犯罪提供了广阔的平台，最常见的就是以入侵式获取私人信息进行诈骗类活动。此外，犯罪分子还会通过这些平台衍生出其他手段来逃避打击和追究刑事责任。例如，将互联网金融犯罪与合法的互联网交易相融合，注册域名开办专门网站，利用合法形式掩盖非法目的以麻痹人们的防范意识，待骗取一定的公众投资后就关闭网站，挪用资金。三是犯罪过程更加隐蔽。互联网金融犯罪所需作案时间较短、专业性很强，犯罪分子会在精心布置的场景下，通过遥控指挥等方式进行远程操作实施犯罪行为，具有很强的隐蔽性，一般在短期内难以发现受损结果。还有一种情况就是受损客体无直接的被害人，导致无报案和举证，使得很多互联网金融犯罪成为隐案积案。[1]四是社会危害性大。互联网金融犯罪通常涉案金额巨大、涉众广，而且业务范围不受地域限制，实施犯罪行为地可能分散于境内外，监管难度非常大。互联网金融犯罪的这些特征充分体现了此类案件受害人众多、涉及范围广、社会危害性大的特点，需要深入分析其成因，才能采取有针对性的治理措施。

二、互联网金融犯罪的成因

2015年以来，互联网发展进入高速期，在其蓬勃发展的同时，也迎来风险多发期。P2P跑路、裸贷等恶性事件偶有发生，其中，个别平台疑涉嫌非吸自融等问题被警方调查，引发关注。

（一）互联网金融犯罪风险分布

在互联网金融活动的一般运作模式中，比较显著的特点有金融交易的隐名性、活动的隐蔽性和资金来源的隐蔽性。犯罪分子很容易利用这些特性来实施犯罪。P2P网贷最典型的特征就是放款门槛低、放款速度快，客观上加快了市场资金流动，降低了融资难度，同时平台方也获得了相对可观的利息回报。[2]但是，基本的经济学常识告诉我们，投资的风险和收益成正比，一旦P2P投资者的资金链断裂无法还本付息，就会急速增加犯罪风险。

---

〔1〕 刘贵斌：《当前区域性金融风险隐患的表现形式及应对策略——基于晋中视角》，载《中国金融家》2016年第8期。

〔2〕 邹玉祥：《P2P网络贷款的刑法管控——以非法吸收公众存款罪的限缩新论为视角》，载《北方法学》2018年第12期。

（二）互联网金融市场的脆弱性

中国人民银行在《中国金融稳定报告（2014）》中对互联网金融所作的定义是：互联网金融是互联网与金融的结合，是借助互联网和移动通信技术实现资金融通、支付和信息中介功能的新兴金融模式。从本质上讲，互联网金融是利用大数据、云计算、社交网络和搜索引擎等互联网技术实现资金融通的一种新型金融服务模式。互联网金融仍归属于金融领域，因而也具有传统金融市场的脆弱性，且互联网金融的交易双方可能存在严重的信息不对称和不透明的缺陷，这种缺陷使得犯罪分子有机可乘，依托互联网技术实施犯罪，攫取非法利益，犯罪手段也非常隐蔽，难以及时发现。

（三）互联网金融犯罪成本较低

互联网金融犯罪的行为成本相对较低，这主要表现在两个方面：一是经济风险低。相较于传统金融市场犯罪，互联网金融犯罪的经济支出相对低廉。犯罪分支只需支付少量的网络费用、网页制作费用和租赁服务器的费用即可实施犯罪，且非法获利数额巨大。二是时间成本低。互联网金融犯罪的关键在于通过虚假性、误导性、利益冲突性信息的重要影响推动投资群体的决策，市场对相关信息的反应时间较短。例如，有的股权众筹项目在非常短的期限内就可以完成百万元级别的融资。〔1〕

（四）投资者缺乏金融知识和风险意识

由于信息不对称，互联网金融的投资者对互联网金融交易规则和相关专业知识的认知非常有限，投资理念和风险意识淡薄，大多存在投机心理，极易形成“羊群效应”。互联网金融还具有小额、涉众广的普惠金融

---

〔1〕 刘宪权：《互联网金融市场的刑法保护》，载《学术月刊》2015年第7期。

特点，加剧了投资者的非理性行为。当前非常流行的各类支付 APP 在安装使用过程中可以要求用户授权，允许其访问本机后台资料或者其他用户信息，用户一般不会详细阅读授权通知书便直接同意授权，潜在地给使用者埋下了风险隐患，也为犯罪分子提供了便利。我国目前处于互联网产业飞速发展的阶段，社会征信体系有待进一步完善，投资者易被众多的广告和高收益的利息承诺所吸引，投资者金融参与意识泛化而风险意识迟钝。[1]

（五）缺乏有效的法律政策监管

之所以提出“互联网+”的行动计划，是旨在大力推动互联网、云计算、大数据、物联网等与现代制造业的有机整合，促进互联网金融、电子商务以及工业互联网的健康有序发展。但从法律角度看，我国目前的网络金融监管体系还有待进一步明确和完善，尚无一部统一的互联网金融法，现有相关法规制度在准入机制、信息安全、金融消费者保护等方面，还有待作出规定。此外，相关法律法规对互联网金融犯罪的监管规则有待从宣示性条款转变为可操作性条款，法律规范效力层级也有待进一步提升，在某种程度上说，我国的互联网金融还处于一种“摸着石头过河”的阶段，各类金融犯罪依托物联网平台，还在不断“创新、升级”犯罪手段，具有很强的隐蔽性、复杂性和危险性。

三、互联网金融犯罪的防控

互联网金融市场的内部控制机制是弱化犯罪风险的有效手段，针对现有的交易风险在业务审查中就应该加大防范力度，发挥金融机构自身的监

〔1〕 彭景、卓武扬：《我国互联网金融系统性风险的特征、成因及监管》，载《西南金融》2016 年第 10 期。

督职责，严格按规章办事，制定合理的风险防控机制。[1]

（一）完善法律监管体系

互联网金融作为创新发展的名片，在法律层面存在着巨大的挑战。现有的法律制度是建立在传统市场经济和商业交易模式的基础上的，需要经历革命性的变革。早在2017年就有相关人士关注到互联网金融领域，相关方面已建议通过制定和完善配套法规、规章等，针对新产业、新业态提出的立法项目，在总结实践经验的基础上，开展立法调研论证。防治互联网金融犯罪，应充分发挥法律的规范作用和指引作用，保护投资者的利益，促进互联网金融市场持续健康发展。这要求对现行法律法规进行系统性的修订和新增立法，同时，针对可能出现经济犯罪的互联网金融分支领域，完善行业规范和操作细则，把互联网金融活动纳入规范化的法治轨道。根据刑法文本与互联网金融犯罪的特点，我国互联网金融犯罪应采用集中与分散性相协调、统一性与明示性相结合的立法模式；互联网金融犯罪的刑罚适用应分类处理，刑罚配置应强化变革。[2]

（二）提高对互联网金融犯罪的侦查水平

互联网金融犯罪活动受众分布广泛、跨地域范围大，为及时获取相关证据，应当建立健全协作取证制度，提高证据意识。一方面，要调整侦查队伍的人员结构，吸纳具有互联网、金融、会计等专业知识背景的人才加入队伍；另一方面，要优化现有队伍的侦查取证措施。可以通过网络平台为知情人员搭建便利的渠道，以供收集、提取证据，侦破案件。例如，公安部设立了非法集资案件投资人信息登记平台，投资人可以通过该平台登记个人基本身份信息及投资信息，以便案件侦办及后续资金退还。互联网

〔1〕 王勇：《互联网时代的金融犯罪变迁与刑罚规制转向》，载《当代法学》2018年第3期。
〔2〕 游伟、赵运锋：《我国经济犯罪变化与立法改革研究》，载《东方法学》2010年第2期。

金融案件通常涉及人数众多、数额巨大，侦查需要投入大量的人力物力，以及各地区各部门之间的协作，再加上电子数据不易取得、极易被篡改，在面对新型的互联网金融案件时，容易出现证据选择标准不同而认定不统一的问题。此时，需要通过建立统一的证据标准加以解决。例如，对于常见的数额证据，对其中证明犯罪数额的数据来源、数据种类选择、数额计算方法等，进行归纳分析，加以研究后，确定合理的计算标准，依次建立统一的犯罪数额证明标准。通过设置精细化、合理化的数额标准，解决证据的形式、实质要求不统一的问题，以防止司法任意性。〔1〕

（三）加强互联网金融风险防控及宣传教育

互联网金融具有一定放大系统性风险的倾向，必须科学全面地评估各种互联网金融服务，特别是它对国民经济运行和经济社会发展存在的重大影响和风险隐患，应予以及时化解。支持第三方数据市场的发展，利用大数据分析等信息技术快速、准确、动态地检测互联网金融领域的安全风险。例如，某公司结合大数据优势，提出了金融、传销风险态势感知和预警的解决方案——监管科技平台。接入该平台后，监管部门不仅可以及时获知互联网上活跃的金融平台和传销平台，还能够获得平台全方位全视角的汇总信息。除此之外，还能够实时掌控平台的风险信息，及时发现风险平台，第一时间介入风险平台的调查和处置，将风险控制在萌芽期。同时，还要加强对投资者的风险防控意识教育，帮助其树立正确的投资观和风险理念，强化民众依法投资的风险意识，做到审慎选择理财投资项目。

结语

互联网金融作为互联网和金融结合的新兴产物，以其独特的运作模式

〔1〕 向前：《互联网金融犯罪案件证据问题的解困之道》，载《人民法院报》2019 年 9 月 26 日。

在我国目前经济发展转型期发挥重要作用。法律作为维持社会秩序和经济秩序的兜底性手段，必须介入互联网金融领域并加以规制。同时，我们也应为其留足发展空间，并提供相应的技术、制度和政策支持，确保其健康稳定发展。

风险社会与刑法理论变迁

孟昭武*

一、风险社会及其相关概念

（一）风险社会的界定

风险一词在《新华词典》中喻指难以预料的不平常的危险。〔1〕在英语中的风险“risk”一词来源于古意大利语“riscare”，其意就是冒险。可见，风险一词在不同的语境下会有不同的意喻，包含了正负两个方面。在今天，风险一词主要是指对人类社会产生的负面影响。关于风险的分类在不同领域有不同的划分标准和方法，目前还没有形成统一的共识。在这里，风险是指对人类社会秩序、社会成员人身财产造成危害、损失、损害或者危险的自然现象和社会现象。从源于自然界自身运动过程中发生的自然现象的风险层面看，我们称之为自然风险；从维系人类社会自身的秩序和人类生存活动引发的社会现象的风险层面看，我们称之为再生风险或者人为风险。

风险是伴随人类社会存在、变化和发展的自然现象和社会现象。自从

---

* 孟昭武，刑事法学教授，沈阳市皇姑区民天法学研究所首席研究员，中国刑事警察学院教授。

〔1〕《新华词典》，商务印书馆出版1980年版，第239页。

有人类社会以来，威胁社会的风险就无时不在，风险的降临具有相对的不确定性，有的还具有无法预见性或者无法控制性。如洪水、海啸、飓风、山崩、森林火灾、瘟疫泛滥等自然风险；再如核泄漏、易燃易爆物品爆炸、航空器失事坠落、动车脱轨、桥梁坍塌、船舶倾覆、交通肇事等再生风险。无论是自然风险还是再生风险都给人类社会造成了巨大的伤害，在人们的心灵深处留下了难以消除的恐惧或痛苦悲伤的痕迹影像。尽管风险是客观存在的，也无法消灭；但有效地预测、控制、转化和化解风险，最大限度把风险的危害降到最低，一直是人类社会不懈努力的目标。

随着人类历史的发展与变迁，人类社会经历了从自然风险为主向人为风险为主的时代跨越与转化。特别是自然风险具有相对稳定性、规律性的同时，人为风险却在人类社会飞速发展的今天表现出了异常的多发性、复杂性、不规则性和不确定性。在人类社会进入现代社会之后，人为风险已经成为人类社会风险来源的主流，标志着人类已经进入了风险社会。

（二）风险社会与刑法的关系

在风险社会中，预测、控制、转化和化解社会风险是人类社会不可回避的重大课题，各类社会风险直接或者间接地向人类社会风险治理体系和风险治理能力提出了严峻的挑战。直面风险社会，人类社会总结创造了各种各样预测、控制、转化和化解风险的方法、路径与对策，其中运用法律智慧、法律方法、法律对策应对社会风险不失为一种好的路径。

影响社会风险的形成原因是多方面且十分复杂的，预测、控制、转化和化解社会风险自然也需要多方努力，精诚合作、精细谋划、精准施策方可奏效。不容置疑，刑法具有预测、控制、转化和化解社会风险的功能。刑法主要是通过彰显其法律属性的途径来实现此功能：

一是刑法对未然风险防范具有警示作用。我国刑法理论与实际随着社会政治、经济、文化、科学的发展，不断地更具深度化、精细化、精准化。为了适应现代社会发展需要，在 1997 年对 1979 年制定的刑法进行了大幅度的修改完善，基本实现了罪责刑的法定化、合理化。明确了以罪责刑法定原则为核心的三项基本原则，明确了从旧兼从轻的刑法适用原则。实现了刑法体系结构的系统化、规范化。设置了刑法总则、分则和附则，为刑法进一步丰富完善提供了体系结构支撑。实现了罪名详备、实用的整体性功能。我国 1979 年制定颁布的刑法有 192 个条文，其中 103 个分则条文设定了约 140 个罪名。1997 年修改后的刑法有 452 个条文，其中分则 351 个条文设定了 413 个罪名。之后通过 1 个惩治犯罪的决定和 10 个刑法修正案对刑法典加以修改完善，截止到 2019 年年末，我国刑法共计设定具体罪名 469 个。刑法中设定这些罪名，向社会宣示，什么行为可以为，什么行为禁止为。以此明示法威、以此明示刑威、以此引导规范行为，潜移默化地发挥预防、控制、转化和化解社会风险的作用。

二是刑法对已然风险具有惩治功能。刑法是保障法，是法律适用过程中的最后一个环节，也是维护社会秩序保障人身权财产权等社会关系的最后一道防线。在已然风险中，纳入刑法调整和刑法评价范围的只是社会危害性严重且符合刑法规定构成犯罪的那一部分。依照罪刑法定原则、罪责刑相适应原则等刑法规范，对已然风险中应当负刑事责任的自然人或者单位进行刑法评价，实现刑法特殊预防、控制、转化和化解社会风险的功能。

20 世纪 80 年代后，我国刑法设定的自然犯罪罪名相对稳定，法定犯罪罪名急剧增长，标志着我国已经进入了法定犯罪快速增长的历史时期。1997 年修正后的刑法增加的罪名几乎都是法定犯罪罪名，之后增加新罪名也具有这一特征。如 1998 年 12 月增设的骗购外汇罪；1999 年 12 月修正案增设的隐匿、故意销毁会计凭证、会计账簿、财务会计报告罪，国有公司、企业、事业单位人员失职罪，国有公司、企业、事业单位人员滥用职权罪；2001 年 12 月《刑法修正案（三）》增设的资助恐怖活动罪，盗窃、抢夺枪支、弹药、爆炸物、危险物质罪，抢劫枪支、弹药、爆炸物、危险物质罪，投放虚假危险物质罪，编造、故意传播虚假恐怖信息罪；2015 年 8 月 29 日《刑法修正案（九）》增设了 20 个新罪名：准备实施恐怖活动罪，宣扬恐怖主义、极端主义、煽动实施恐怖活动罪，利用极端主义破坏法律实施罪，强制穿戴宣扬恐怖主义、极端主义服饰、标志罪，非法持有宣扬恐怖主义、极端主义物品罪，虐待被监护、看护人罪，使用虚假身份证件、盗用身份证件罪，组织考试作弊罪，非法出售、提供试题、答案罪，代替考试罪，拒不履行信息网络安全管理义务罪，非法利用信息网络罪，帮助信息网络犯罪活动罪，扰乱国家机关工作秩序罪，组织、资助非法聚集罪，编造、故意传播虚假信息罪，虚假诉讼罪，泄露不应公开的案件信息罪，披露、报道不应公开的案件信息罪，对有影响力的人行贿罪。2017 年 11 月《刑法修正案（十）》增设的侮辱国旗、国徽罪。

由此可见，新增设的法定犯罪均对新的社会问题、社会风险具有一般预防和特殊预防的功能。

二、与风险社会俱进的刑法理论与实践变迁

任何事物都是在与时俱进的过程中发展的，刑法理论与实践也是如此。自改革开放以来，我国正处在面对社会转型变革、社会矛盾凸显的挑战和前所未有的发展机遇期。此时，时代和现实迫切需要并推动刑法理论与实践更加丰富、发展与完善，以适应客观变化的新要求，满足人们对公平正义的新期待。特别是近 20 年来，刑法理论与实践在面对新情况、解决新问题、回应新期待过程中取得了基础性、系统性和方向性的丰硕的理论与实践成果，进一步构建、丰富、发展和完善了具有中国特色社会主义的刑法理论与实践体系。

（一）罪刑法定原则理论与实践的新发展

众所周知，罪刑法定原则是刑法文化中经久不衰的优秀成果，这一原则被确立为不容置疑的刑法基本原则是人类社会法治文明发展的必然，当下已经处于世界各国刑法基本原则中的核心地位。[1]我国在 1997 年修正后的《刑法》第 3 条中明确了罪刑法定原则是刑法的三大基本原则之一。从世界范围看，罪刑法定原则产生之初的内容或者说罪刑法定原则的派生原则主要有四个，即排斥习惯法、禁止类推解释、禁止溯及既往和禁止绝对不定期刑。而这四项内容均体现了限制刑罚权、保障个人正当权利的价值蕴意。但不论如何变化，现代刑法中的罪刑法定原则的价值仍然是限制刑罚权的滥用。[2]在我国的刑法理论与实践中，这一原则法典化初期至当下对罪刑法定原则的内容与价值的理解基本保留或者停留在这个层面，同时也不乏存在对罪刑法定原则停留或者局限在字面的文义逻辑解释。例如，我国教科书的主流观点认为，我国 1997 年修改后的刑法确定的罪刑法定原则主要是：实现了犯罪的法定化和刑罚的法定化；取消了类推制度；在刑法溯及力问题上重申了从旧兼从轻原则。[3]长此以来，由于种种原因的影响，罪刑法定原则只能基本上得以贯彻，而不能得到完全的贯彻。[4]

究竟什么是现代罪刑法定原则的真正价值？罪刑法定原则怎样在刑法理论与实践中限制刑罚权滥用是摆在刑法界面前的一个常思常新的重大课题。所谓限制刑罚权滥用，简言之，就是对无罪的人禁止启动刑罚权；对有罪的人禁止滥用刑罚权。所谓保障权利，简言之，就是准确定罪；对无罪的人、定罪证据不足的人禁止认定有罪；对有罪的人应当准确定罪，存

〔1〕 孟昭武：《论加强和创新社会管理语境下适用罪刑法定原则定罪的基本模式》，载《辽宁公安司法管理干部学院》2012 年第 4 期。

〔2〕 李国如：《罪刑法定原则视野中的刑法解释》，中国方正出版社 2001 年版，第 27~28 页。

〔3〕 高铭暄、马克昌：《刑法学》，北京大学出版社、高等教育出版社 2017 年版，第 50 页。

〔4〕 北京大学《刑事法学要论》编写组：《刑事法学要论》，法律出版社 1998 年版，第 356 页。

在此罪与彼罪、重罪与轻罪疑问时应当作出有利于被告人的选择。这就是罪刑法定原则的精髓所在。如何把这一原则的精髓与司法实践对接，需要用对罪刑法定原则系统性、深刻性的理解力所形成的观念和勇气来实现与实践对接的执行力。

罪刑法定原则系统性、深刻性的意义不仅仅在于确立了罪刑法定原则的立法和司法思想理念，更重要的是侧重强调了刑事司法实践中实现罪刑法定原则在定罪量刑中的可操作性功能。特别是在定罪层面上至少有两层含义：一方面是浅层意义上的罪名法定、犯罪构成要件法定；另一方面是深层意义上的禁止法外入罪、允许法内出罪；禁止疑罪从有、允许无罪推定；禁止法内疑罪从重、允许法内疑罪从轻；禁止此罪定彼罪、允许重罪入轻罪；禁止法内一罪从数罪、允许法内数罪从一罪。罪刑法定原则的这两层含义都是非常重要的，构成了罪刑法定原则的整体，缺一不可。然而，在刑事司法实践中，对这一原则的理解过度强调和关注其浅层含义而忽略和冷落其深层的价值功能。这种倾向极不利于刑事司法人员在动态中把握和认定犯罪，导致机械的刑事司法。〔1〕令人欣慰的是，在新时代中国特色社会主义法治体系建设和宽严相济刑事政策的引领下，刑法理论与实践开始注重、研究、开发和应用罪刑法定原则的深层含义和价值。这一关于罪刑法定原则理念的更新与变化，对于实现刑事法治化、实现刑事司法公正、有效预防、控制、转化和化解社会风险将会产生极大的推动力。

（二）犯罪构成理论与实践的新发展

刑法中的犯罪构成理论是犯罪论体系中认定罪与非罪、此罪与彼罪、一罪与数罪的核心内容，既是刑法理论模型又是刑事司法实践操作的重要标准。

---

〔1〕 孟昭武：《论加强和创新社会管理语境下适用罪刑法定原则定罪的基本模式》，载《辽宁公安司法管理干部学院》2012 年第 4 期。

我国现行通说的犯罪构成理论是在新中国成立初期借鉴苏联四要件犯罪论体系基础上发展而来的。进入20世纪80年代中期后，由于受德日刑法理论特别是德国古典犯罪论体系代表人物、刑法学构成要件理论创始人恩施特·贝林提出的构成要件或者构成要件该当性的理论影响，我国刑法学界学者展开了对四要件犯罪论体系以及我国四要件犯罪论体系旷日持久的论战与反思认为：应该区分“犯罪成立要件”（现在通称：构成要件或者犯罪构成要件）与“犯罪构成”这两个概念。有人认为，犯罪构成指反映行为的社会危害性及其程度的一系列主客观要件的总和，是犯罪成立的积极条件；犯罪成立要件包括犯罪成立的积极条件和消极条件在内。概括地讲，我国通说的四要件犯罪论体系主要存在以下缺陷：没有构成要件的犯罪构成；没有出罪事由的犯罪构成；没有归责的犯罪构成；没有阶层的犯罪构成。在贝林的犯罪论体系中，构成要件只不过是犯罪的观念指导形象，是犯罪成立的第一个要件，然后依次还有违法性和有责性。因此，只有把贝林的构成要件纳入其三阶层的犯罪论体系，才能真正把握其构成要件论的精髓。而苏俄刑法学将贝林的构成要件论改造为犯罪构成论，将犯罪成立的所有要素都纳入其中后才知以下三个问题值得我们关切：构成要件定型化机能的缺失；构成要件与违法性关系的混淆；构成要件与有责性关系的错乱。[1]刑法学界对通说犯罪论体系提出的质疑，有力地推进了传统犯罪构成论观念的转变，对完善通说四要件犯罪论体系和破解司法实践中认定犯罪的疑难问题产生了积极的影响。

笔者认为，通说四要件犯罪论体系确实存在缺陷，但并不是不可以加以改造、完善的。传统的犯罪构成论与犯罪构成要件确实不是同一个概念，二者不是简单的称谓不同，而是二者在认定犯罪活动中功能和作用存在很大的差异。我们可以认为，犯罪构成是指刑法理论中犯罪概念的模

---

〔1〕 陈兴良：《刑法的知识转型（学术史）》，中国人民大学出版社2012年版，第100~109页。

型，这个模型是建立在刑事违法性基础上的，不需要也没有必要对具体的犯罪行为进行类型化、有责性考量。那么，刑法中的每一个具体犯罪成立的构成要件，是由刑法分则规定进行类型化分类的，同时在构成要件中厘清和考量符合性、违法性、有责性以及出罪事由。这样同样可以有效地认定犯罪活动，正确区分罪与非罪、此罪与彼罪、一罪与数罪，仍然具有可操作性。与三阶层犯罪论体系相比，只是操作的思维方式、操作的习惯养成和操作的程序步骤不同。

犯罪概念模型的犯罪构成是无法反映和解释符合性、违法性、有责性、类型化和出罪事由等具体操作问题的，然而具体犯罪成立的犯罪构成要件的操作中必须考量上述问题。所以，认定具体犯罪的犯罪构成要件，也就是行为人构成犯罪并且应当负刑事责任的条件。

由于认定犯罪的犯罪构成要件具有类型化的特点，一方面，为刑法立法提供了技术支持，有利于随着客观社会的犯罪发展态势，及时、便利地把严重的危害性行为纳入刑法调整。例如，《刑法》中第 133 条之一是 2011 年 2 月 25 日颁行的《刑法修正案（八）》增设的新罪名：危险驾驶罪。当时只是规定了“追逐竞驶，情节恶劣的，或者在道路上醉酒驾驶机动车的”。出于预防、控制客观社会风险的需要，2015 年 8 月 31 日颁行的《刑法修正案（九）》又在此罪名中增加了两个行为方式，即“（三）从事校车业务或者旅客运输，严重超过额定乘员载客，或者严重超过规定时速行驶的；（四）违反危险化学品安全管理规定运输危险化学品，危及公共安全的”。

另一方面，有利于突破传统的刑法理论观念和模式。一是传统刑法理论中没有明确阐述某一个具体犯罪的既遂形态有几个，通常认为只有一个。但犯罪构成要件类型化的特点打破了这种僵化认识。事实上，某一个具体犯罪中可以是一个或者多个既遂形态并存。例如，危险驾驶罪的既遂形态可以是结果犯，还可以是危险犯。二是传统的中外刑法理论中没有明确论及某一个具体犯罪的犯罪构成要件可以有几个，通常认为只有一个。把犯罪构成与犯罪构成要件相区别，就给我们开拓了这一问题的思维空间。即某一个具体的犯罪可以是一个犯罪构成要件，也可以是多个犯罪构成要件。例如，危险驾驶罪有四个犯罪构成要件；合同诈骗罪有四个犯罪构成要件；强迫交易罪有五个犯罪构成要件。此类情况举不胜举。三是突破了传统刑法理论中具体犯罪既遂形态一成不变、铁板一块的“瓶颈”。通常认为某一犯罪的既遂形态是固定不变的。事实并非如此。因为，具体犯罪的既遂形态是立法时根据立法目的、罪名的性质等因素设定的。设定后只能是相对不变，而不是绝对不变。例如，《刑法》第 143 条设定的生产、销售不符合安全标准的食品罪，立法时设定为结果犯，《刑法修正案（八）》修改为危险犯。四是作为犯罪构成要件充要条件的危害行为有了新的发展。传统的刑法理论中危害行为分为作为和不作为两类。20 世纪 80 年代由我国著名刑法学家储槐植教授首先引入外国刑法中持有行为的研究成果，持有行为在 1997 年修改《刑法》时被法定化。到目前为止，我国刑法设定了以下持有犯罪罪名：例如，《刑法》第 120 条之六非法持有宣扬恐怖主义、极端主义物品罪；第 128 条第 1 款非法持有、私藏枪支、弹药罪；第 172 条持有、使用假币罪；第 210 条之一持有伪造的发票罪；第 282 条第 2 款非法持有国家绝密、机密文件、资料、物品罪；第 348 条非法持有毒品罪；第 352 条非法买卖、运输、携带、持有毒品原植物种子、幼苗罪等。持有行为的法律化，既解决了刑事法律中的部分程序问题，又有效地配置了司法资源，同时也有力打击了犯罪，实现刑法公平。持有行为目前已经被纳入刑法学教科书。五是预备行为实行行为化（同时也有共同犯罪理论与实践的新发展成果），为惩治非传统犯罪提供了有力的法律支持。例如，《刑法》第 120 条之二设定的准备实施恐怖活动罪。六是从犯行为实行行为化，体现了犯罪构成要件行为类型精细精准化的理念。例如，《刑法》

第 107 条设定的资助危害国家安全犯罪活动罪；第 120 条之一设定的帮助恐怖活动罪；第 287 条之二设定的帮助信息网络犯罪活动罪；第 290 条第 4 款设定的组织、资助非法聚集罪等。

（三）犯罪罪过理论与实践的新发展

犯罪罪过理论是犯罪论体系中不可或缺的重要内容。近 20 年来这一理论有了很大的更新突破：一是传统的犯罪罪过理论给法律人的印象是某个具体犯罪只能有一个犯罪罪过，即要么是故意，要么是过失，二者不可以在同一个具体罪名中同时存在。例如，《刑法》第 129 条设定的丢失枪支不报罪（此罪是双重罪过，过失加故意）；第 338 条设定的污染环境罪；第 408 条之一设定的食品监管渎职罪。二是过失犯罪中是否存在共同犯罪问题有了新进展。在我国刑法理论中，传统的共同犯罪理论只是承认故意犯罪中才存在共同犯罪形态，过失犯罪不能成立共同犯罪。但在有的外国刑法理论中无论是故意犯罪还是过失犯罪都可以存在共同犯罪形态。

目前对与犯罪罪过有关的犯罪动机还存在一定的认识误区，认为在认定犯罪时要考量犯罪动机在定罪中的作用。对这种认识还存在一定的探讨空间。从我国刑法中规定的具体罪名看，没有一个罪名的犯罪构成要件中包含犯罪动机的要素。那么，犯罪动机会影响定罪吗？事实上，犯罪动机对认定犯罪的影响概率很低，只有在极个别的认定犯罪中出现了罪与非罪、此罪与彼罪存在疑问时，可以通过考量犯罪动机为认定犯罪提供参考。因此，犯罪动机不是影响定罪要素，但却是侦查破案、确定取证方向或者量刑考量的因素。

以上只对几个较为重大的刑法理论与实践问题进行了探讨。实际上，自我国第一部刑法诞生实施以来，我国刑法理论与实践获得了极大丰富和发展，可谓硕果累累。例如，刑法立法理论与实践，共同犯罪理论与实践，罪名体系结构理论与实践，故意犯罪未完成形态理论与实践，罪数形态理论与实践，等等，都取得了可喜新成果、新作为，在此不再阐述。

三、刑法理论和实践的变迁与风险社会关系的思考

法律是治国之重器，良法是善治之前提。今天我们所处的时代是一个非传统法定犯罪多发的时代，同时也是一个社会风险凸显的时代。我国也处在社会政治、经济、文化、科技进入发展快车道阶段，非传统的法定新型犯罪呈现出不断增长的态势。1979 年我国第一部刑法设定的罪名由 140 个左右增加到今天的 469 个，这一数量变化就可以证明这一问题。同时也说明，我国正面临着非传统犯罪、新型的法定犯罪引发的社会风险的严峻挑战。

面对复杂、多变的现代社会风险，刑法理论与实践应当顺势而为，以新姿态、新理念、新担当实现预防、把握、控制、转化和化解现代社会风险的新作为。

首先，以新时代新时期中国特色社会主义刑事法治理念为引领。面对新时代、新形势、新任务和新要求，刑法理论与实践要有所为有所不为；要为"坚持统筹国内国际两个大局，更好维护和运用我国发展的重要战略机遇期，更好统筹社会力量、平衡社会利益、调节社会关系、规范社会行为，使我国社会在深刻变革中既生机勃勃又井然有序，实现经济发展、政治清明、文化昌盛、社会公正、生态良好，实现我国和平发展的战略目标，必须更好发挥法治的引领和规范作用"。〔1〕

其次，密切关注、精心研判现代社会风险的新特点、新变化、新态势，强化刑法理论应用研究，为刑事司法实践及时、妥当地预防、把握、控制、转化和化解现代社会风险提供强力有效的新观念、新思维、新方

〔1〕 参见《中共中央关于全面推进依法治国若干重大问题的决定》，载中国政府网，http://www.gov.cn/zhengce/2014-10/28/content_2771946.htm，最后访问时间：2022 年 12 月 1 日。

法。中国特色社会主义刑事法治理论以中国国情为客观研究基础，以中国问题为研究导向。当然并不是拒绝世界法律文明的优秀成果，而是根据我国社会政治经济法律发展的客观实际，有甄别、有选择、有论证地取其所长为我所用。

法律的生命力在于实施；法律的生命力在于实践。刑法理论与实践的目的和价值在于解决中国问题；刑法理论与实践的目的和价值在于实现社会正义。因此，以中国国情为基础、中国问题为导向的刑法理论与实践必须培育养成发现问题的敏锐性、提出问题的果敢性、分析问题的透彻性、研究问题的深刻性、解决问题的艺术性，从而增强刑法理论与实践的规律性、针对性和可操作性。

坚持以实现社会公平正义为核心的司法理念，正确适用刑事法律，贯彻执行宽严相济的刑事政策，合理配置刑事司法资源。公平正义是刑事立法的标准，也是刑事司法的标准。怎样实现立法公平与司法公平的有机统一，是留给法律人的一道无解的考题！把清清楚楚、明明白白的法律条文规范理解好、适用好看似容易实则很难。需要法律人不仅要从案情和法律自身出发，还要认真细致考虑相关科学知识与成果以及其他相关情景与因素的相互作用与影响。简言之，要符合“天理国法人情，世之常理，民之常情”。

刑事法律资源是稀缺资源，珍惜且合理配置刑事法律资源是刑法理论与实践的基本要求。传统的刑法理论与实践中很少关注刑事法律资源合理配置问题，甚至没有把这种稀缺资源当作资源来认识。可以说一方面浪费了大量的刑事司法资源；另一方面累积了许多社会风险和矛盾。在新时代中国特色社会主义刑事法治理论指引下，应当自觉贯彻好、理解好、执行好宽严相济刑事政策；树立主动践行刑事法律新思维、新观念，有所新作为。坚持罪刑法定原则；坚持无罪推定原则；坚持疑罪从无原则；坚持在拘捕诉判环节作出有利于犯罪嫌疑人、被告人的原则。

充分认识、牢固坚守刑法是保障法和最后防线的作用与价值。重视用刑法解决问题，轻视用民法或者其他法律解决问题（简称重刑轻民）的思想观念是根植在很多人灵魂深处的痼疾，影响至深。社会上还不乏有个别人想动用刑法讨要债务；虚假诉讼；假公济私；发泄私愤；故意给法律、给政府抹黑等。常言道：刑法是把“双刃剑”。用好、用足、用当刑法，社会国泰民安；用不好其危害巨大：一是破坏法治，颠覆社会的法治信仰；二是引发社会风险、社会矛盾激化；三是毁损党和政府的形象。所以，必须自觉尊重和保障个人权利，准确适用法律，遵循证据裁判原则，审慎动用刑罚权。

风险社会下网络金融犯罪治理的若干思考

——基于 P2P 平台爆雷案件的分析

张兆松　林　伟*

P2P 是这几年随着移动互联网一起发展起来的互联网金融代表之一，曾是金融创新的先锋，一时风光无限，眼下却危机四伏。多个互联金融平台相继“爆雷”，几乎每天都有平台倒闭跑路的消息传出。仅 2019 年 6 月 1 日至 7 月 12 日 42 天内，全国就有 108 家 P2P 平台爆雷，相当于每天爆雷 2.6 家，最多的时候，一天之内四家平台相继清盘。根据网贷天眼和网贷之家的相关数据显示，截至 2019 年 6 月，累计共有 6588 家网贷平台，其中出现问题的有 2768 家，停业或转业的有 2963 家，当前依然正常运行的平台数已不超过 1000 家。“2019 年 7 月 4 日，P2P 头部平台之一、累计成交量达 1600 多亿元的网信集团宣布将‘良性退出’；此前 3 月，已上线运营 10 年的老牌 P2P 平台红岭创投宣布清盘。”〔1〕从 2018 年 12 月到 2019 年 6 月，没有一家新增平台。如今，P2P 出现的问题已经造成了万亿元坏账，并由此造成大量网民倾家荡产，以及不少从业者步入犯罪歧途。上海检察机关发布的 2018 年金融检察情况通报称：“2018 年，非法集资案件在 2016 年、2017 年增长迅猛的基础上再次呈井喷式增长，其中大案

* 张兆松，浙江工业大学法学院教授、法学学科带头人；林伟，浙江工业大学法学院 2017 级诉讼法学研究生。

〔1〕 钱箐旎：《P2P 网贷行业继续“缩水”》，载《经济日报》2019 年 8 月 2 日。

要案频发，涉案数额不断攀升”。[1] 认真研究 P2P 平台涉罪原因，寻求犯罪治理对策，对于维护我国金融安全、保持社会稳定具有重要的理论和实践意义。

一、创新性、营利性、风险性是 P2P 平台走向犯罪的主要原因

1. 互联网金融创新具有两面性。P2P 网贷（Peer to Peer Lending），是指个人与个人通过网络平台相互借贷，本质上是一个中介平台，从事的应是信息发布、借贷撮合等中介服务。但 P2P 初创时，对此定性并不明确。随着互联网的发展，2007 年我国较早的一家 P2P 互联网借贷平台——拍拍贷成立。2010 年以后，P2P 借贷平台被众多创业者关注，P2P 网络借贷更是快速发展。2013 年我国 P2P 网贷平台数量达 523 家，这一年被业界誉为“互联网金融元年”。

P2P 平台作为互联网金融创新的载体，具有与传统的民间借贷不同的特点。(1) 内生性。个别 P2P 网贷规避了中国金融业牌照的管制，资金供求完全由出借人和借款人在体外循环和自由支配，减少了繁杂的程序，加快了融资过程，导致监管困难。(2) 交易网络化。P2P 平台顺应互联网和大数据时代的发展趋势，整个交易过程通过互联网、移动通信网络和社交网络完成，交易双方可以充分实现信息沟通，交易变得简单透明。(3) 门槛低。P2P 小额借贷平台对投资人的投资金额要求较低，这使得持有闲置资金的社会上中低等收入人群能够充分利用自有资金，P2P 网贷使每个人都可以成为信用的传播者和使用者。(4) 主体的多元性。P2P 平台除实际控制人以外的主体，还会涉及法定代表人（含挂名）、股东、董事、监

[1] 陈晨、王世涛等：《上海检察机关发布 2018 年金融检察情况通报，利用互联网实施的金融犯罪呈上升趋势》，载正义网，http://news.jcrb.com/jszx/201909/t20190908_2046416.html，最后访问时间：2019 年 9 月 13 日。

事、高级管理人员、运营总监、业务员（招标与引资）、风控人员、财务人员、技术人员、培训师等。“我国现行的金融管理制度没有给巨额游资的获利需求和民营企业的融资需求之间提供直接市场化的制度安排。所以，任何相关金融体制创新，都可能存在巨大的异化动机和风险。”[1]创新有可能突破原来法律法规的限制，要突破法律规定，则必然面临被法律追究的风险。这种两难境况在P2P领域表现得特别明显。

2. P2P平台具有收益高的特点，网贷平台的利率比我国同期的银行基准利率高出很多。根据2015年以后P2P监管的相关规定，P2P平台在法律要求上属于中介机构，其经营范围是为投资方和融资方提供信息交互、撮合、资信评估等中介服务，从中赚取中介费，而不允许利用平台为自身融资，不得发放贷款，不得出售理财产品。投资方通过P2P平台与融资方产生关系，签订借贷合同，投资方的资金不进入P2P平台账户，而是存入在资金存管机构中设置的专门账户。如果P2P平台严格按照规定进行运作，投资方不是要求平台兑付投资，而是按照合同约定向通过P2P平台融资的借款方要求返还借款，就不会存在P2P平台因挤兑而爆雷的问题。但现实中很多P2P平台为追求高额利润，不满足于只是作为服务中介赚取服务费，而是通过设置虚假的投资人与投资项目以高回报向社会公众吸收资金用于资本运作或者投入房地产开发等自营项目。“行为人一方面采用跨区域、多层次、集团化运作的犯罪新模式，线下销售网点急速扩张，快速吸收巨额资金；另一方面打着互联网金融的旗号，架构线上平台，通过网络宣传、销售其金融产品，汇集公众资金，大大增加了打击和处置难度。”[2]非法集资和庞氏骗局重复上演。

3. 风险性加大P2P平台涉罪的概率。P2P平台从出台之日起就面临

---

〔1〕 杜辉：《平台异化还是因债致罪？——P2P网贷涉非法吸收公众存款罪裁判文本实证研究》，载《浙江工商大学学报》2019年第3期。

〔2〕 肖凯、陈晨等：《涉众型金融犯罪风险容易扩散叠加》，载《检察日报》2018年7月27日。

着极大风险。(1) 从国家层面来看，P2P 网贷在中国发展时间较短，2015 年之前属于“三无”行业，即无准入门槛、无行业标准、无监管机构。与互联网证券、银行和基金保险等业务不同，P2P 的监管主体和监管规则都不够清晰，机构也没有统一要求持牌经营，低门槛让 P2P 行业涌入了大量非专业和蓄意欺诈选手，出现了大量的违法集资和诈骗行为。互联网金融的载体是信息网络工具，信息的影响面不受时空的限制，扩散范围大，信息传播速度快，可以在短时间筹集巨额资金。P2P 平台一旦爆雷，往往涉案数额巨大。P2P 涉案范围广、人数多，打击防范难度大，给社会稳定带来巨大压力。2019 年 9 月 3 日，杭州下城区法院开庭审理的“某金融”特大非法集资案，至案发遭受损失未兑付的会员合计约 3.7 万人，总未兑付金额约 31 亿元。(2) 从投资者来看，虽然 P2P 门槛低、收益高、网络化，交易方便，充分满足了民众投资理财的需求，但是融资或支付行为的双方一般没有直接接触，仅仅凭招投公告、项目介绍及投资前景描述作出投资判断，而 P2P 平台上则以国资背景、管资经历丰富、“网络理财”返利丰厚等内容，对平台实力和从业人员进行过度“包装”，以夸大或虚假宣传吸收投资者。一旦 P2P 高管“跑路”，大量投资者损失惨重。(3) 从平台来看，由于其创新性和营利性，使其行业处于“灰色地带”。P2P 网络借贷平台的性质究竟为何，是金融机构、中介机构抑或担保机构？对此，学术界的认识不一。[1] 至少在 2015 年之前从国家层面 P2P 定位是不明确的。但根据 2010 年最高人民法院发布的《关于审理非法集资刑事案件具体应用法律若干问题的解释》(已修改，以下简称《非法集资司法解释》)，同时具备以下四个条件的属于刑法规定的“非法吸收公众存款或者变相吸收公众存款”，即“(一) 未经有关部门依法批准或者借用合法经营的形式吸收资金；(二) 通过媒体、推介会、传单、手机短信等途径向社会公开宣传；(三) 承诺在一定期限内以货币、实物、股权等方式还本

〔1〕 李晓明：《P2P 网络借贷的刑法控制》，载《法学》2015 年第 6 期。

付息或者给付回报；（四）向社会公众即社会不特定对象吸收资金”。所以，“P2P”“众筹”等如果不向单位内部集资，则必然构成非法吸收公众存款罪。[1] P2P 平台从业者面临极大的刑事风险。

二、高额回报是 P2P 平台投资者成为受害人的重要诱因

任何投资都有规律可遵循，高投资回报率必然意味着高风险。即使是到银行理财，银行工作人员都要让投资人事先签好“风险提示书”，告知“理财有风险，投资需谨慎”。何况对民间集资，从中央到地方都告诫民众不要从事非法民间集资活动。从被害人的过错程度来考察，本案大部分被害人已不是刑法意义上的被害人，而是专门从事资金生意的高利贷者。2002 年中国人民银行《关于取缔地下钱庄及打击高利贷行为的通知》规定，民间借贷的利率由借款双方协商确定，但协商确定的利率不得超过中国人民银行公布的金融机构同期同档资金借款利率（不含浮动）的 4 倍，超过以上标准，应界定为高利贷非法行为。在这些案件中，借款人全都超过了国家规定的利率标准要求，有的甚至超过了几十倍。这说明这些被害人在寻求资金利益最大化时早已超越了合法的底线。明知对方非法吸收存款而将资金交与对方以获取暴利，这本身就存在严重过错，甚至是严重的违法行为。作为从事高利贷的资金提供者，自身应当承担部分风险和责任，而不能坐享与合法存款人一样强有力的法律保护。

近年来，司法机关加大了对集资诈骗犯罪的打击力度，但对这类案件的认定，“现行司法适用的认定方法、认定标准和认定过程均存在不适应商事特性的弊端”。[2] 对于金融诈骗罪的“非法占有”目的，“实务界多

---

〔1〕 姜涛：《互联网金融所涉犯罪的刑事政策分析》，载《华东政法大学学报》2014 年第 5 期。

〔2〕 石奎、陈凤玲：《集资诈骗罪“非法占有目的”的司法认定——基于样本的抽样统计分析》，载《江西社会科学》2016 年第 4 期。

以推定的方式来证明，然而，推定是一种典型的返溯的、从果到因的思考范式，存在诸多疑问”。〔1〕“大多数非法集资案中的被害人均是以集资参与人的身份参与集资，并且他们是在暴利的驱动下甘冒风险故意实施相关的行为，从而直接或间接地促成了非法集资案件的形成。显然，我们应当根据被害人自身存在过错这一事实来减轻对行为人主观恶性和人身危险性的负面评价。在追究非法集资行为人的刑事责任时不应过于苛刻，即使对其不能从轻或减轻处罚，也不能对其施加过于严厉的刑罚，否则就违背了主客观相统一原则，最终落入客观归罪的窠臼。”〔2〕

我们在解释、适用刑法时，必须充分考虑案件的各种因素，满足各方的不同需求，以尽可能全面地实现刑法功能，平衡诉讼各方的利益。这是罪责相适应原则的要求，超出法律界限的惩罚是不公正的惩罚。

三、互联网金融监管缺位是 P2P 成为犯罪平台的重要原因

金融是经济的命脉，新中国成立以后我国对金融领域一直严加管制。1997 年《刑法》设置了非法吸收公众存款罪和集资诈骗罪。《防范和处置非法集资条例》规定：“本办法所称非法金融业务活动，是指未经中国人民银行批准，擅自从事的下列活动：（一）非法吸收公众存款或者变相吸收公众存款；（二）未经依法批准，以任何名义向社会不特定对象进行的非法集资……”根据这一规定，非法吸收公众存款和非法集资并不是同一非法金融业务。为贯彻实施国务院《非法金融机构和非法金融业务活动取缔办法》，中国人民银行于 1999 年 1 月 27 日发布了《关于取缔非法金融机构和非法金融业务活动中有关问题的通知》，第 1 条规定“非法集资是指单位或个人未依照法定程序经有关部门批准，以发行股票、债券、彩

〔1〕 江奥立：《证明金融诈骗“非法占有目的”不能全靠推定》，载《检察日报》2016 年 8 月 17 日。
〔2〕 刘宪权：《刑法严惩非法集资行为之反思》，载《法商研究》2012 年第 4 期。

票、投资基金证券或其他债权凭证的方式向社会公众筹集资金，并承诺在一定期限内以货币、实物及其他方式向出资人还本付息或给予回报的行为”。但上述规定是否适用于P2P平台并不明确。

监管的缺位，导致在短短的几年内P2P行业野蛮生长，同时P2P“跑路”“爆雷”不断。截至2014年年底，出现提现困难、倒闭、跑路等问题的P2P平台达338家，严重影响我国金融安全和社会稳定。2014年P2P网络借贷平台涉嫌非法集资的发案数、涉案金额、参与集资人数就分别是2013年全年的11倍、16倍、39倍。[1]在这种严峻的形势下，2014年年初，国务院明确由银监会承担对P2P监管的研究任务。2014年以来，银监会多次组织国内知名的P2P平台负责人召开座谈会，就P2P的行业准入、制度选择、资金托管方式等内容征求意见。在这期间，银监会相关负责人发表过P2P平台监管的基本要求，明确应设定P2P借贷业务的四条红线：一是明确平台的中介性；二是明确平台本身不得提供担保；三是不得搞资金池；四是不得非法吸收公众存款。

鉴于P2P平台问题日益严重，2015年7月18日，中国人民银行等十部门联合颁布了被誉为互联网金融“基本法”的《关于促进互联网金融健康发展的指导意见》（银发〔2015〕221号）。该《指导意见》首次将P2P明确界定为中介机构。2016年8月17日，中国银监会、工业和信息化部、公安部、国家互联网信息办公室又制定了《网络借贷信息中介机构业务活动管理暂行办法》（银监会令〔2016〕1号）。根据该《办法》规定，网贷信息中介机构是指依法设立，专门经营网贷业务的金融信息服务中介机构，其本质是信息中介而非信用中介，因此不得吸收公众存款、设立资金池，不得自身为出借人提供任何形式的担保等。随后又制定了《关于印发互联网金融风险专项整治工作实施方案的通知》（国办发〔2016〕21号）、《关于印发网络借贷资金存管业务指引的通知》（银监办发〔2017〕21

[1] 李纵等：《非法集资案件一年增长2倍以上》，载《人民日报》2015年8月5日。

号）等文件。

从上述梳理可以看到，2014 年之前 P2P 一直处于发展不规范的状态。2014 年国务院才明确了银监会为 P2P 借贷平台的管理机构，银监会也摸索出了 P2P 借贷平台监管的四条红线，但具有可操作性的互联网金融监管细则尚未出台。可见，P2P 网络借贷业务作为一种互联网融资创新模式是否违背国家法律、法规，2015 年之前国家无明确的禁止性规定。

四、犯罪化、扩大化、重刑化不是治理 P2P 平台犯罪的最优选择

1. P2P 平台乱象的犯罪化治理。“从 P2P 网贷平台本身来看，不少野蛮生长起来的平台合规性较差，经营粗放，经过几年的运转，风险逐渐积聚，进入频繁爆发的阶段”。[1]动用刑法成为治理 P2P 平台乱象的其中一种手段。某投资管理公司是一家网络投资平台，向社会公众推广其 P2P 信贷投资模式，以提供资金中介服务为名，承诺 3%至 4%月息的高额回报，通过网上平台非法吸收公众存款，其发布虚假信息向不特定人群募集资金并用于平台自有地产物业投资，最终导致资金链断裂。2014 年 8 月，两位主要负责人被判处“非法吸收公众存款罪”，该判例成为国内 P2P 被判“非法集资”具有典型性的案例。[2]面对日趋严峻的非法集资态势，为了保护银行吸收存款的基础性业务，消解因大规模群体性事件而给维稳带来的巨大压力，非法吸收公众存款罪“在司法实践中已经扩张为非法集资犯罪的‘口袋罪’”。[3]

---

〔1〕《董希淼：理性看待 P2P 网贷平台风险事件》，载中国经济网，http：//www. ce. cn/xwzx/gnsz/gdxw/201807/18/t20180718_ 29779874. shtml，最后访问时间：2021 年 12 月 26 日。

〔2〕《P2P 非法集资第一案落槌　欠款超 5 千万主犯仅判三年》，载中国新闻网，https：//www. chinanews. com. cn/fortune/2014/08-13/6488240. shtml，最后访问时间：2021 年 12 月 26 日。

〔3〕 王新：《非法吸收公众存款罪的规范适用》，载《法学》2019 年第 5 期。

2019年6月11日“浙江经侦”公众号披露：全国224家P2P平台被公安机关立案侦查，其中43家P2P被警方定性为集资诈骗，171家P2P被警方定性为非法吸收公众存款，还有10家未被彻底定性。据公安部披露信息显示，2018年至2019年第一季度，全国非法集资、传销等涉众型经济犯罪案件近1.9万起，涉案金额4100余亿元。其中，自2019年6月以来，各地公安机关依法查办涉嫌非法集资犯罪P2P网贷平台400余个。〔1〕叶良芳教授曾对2016年12月31日之前涉P2P网贷平台的生效刑事判决书和裁定书共104份进行分析，全部是有罪判决，无罪判决为0份。〔2〕2017年上海市检察机关“审查起诉非法吸收公众存款和集资诈骗案件672件1914人，其中，非法吸收公众存款案件618件1791人，集资诈骗案件54件123人。非法吸收公众存款案件数为2016年案件数的2倍，为2015年案件数的6.1倍。2017年集资诈骗案件数比2016年上升46%，大案、要案频发”。〔3〕

从查办案件看，P2P平台所吸收资金的流向主要有两种情况：第一种情况，P2P平台设立之初是为平台控制人的关联公司“输血”的，关联公司缺钱了，通过层层运作制造假标，将融到的资金输送到关联公司；第二种情况，设立P2P平台的初衷就是赚取利息差，平台融资后将其以更高的利息借贷给他人。从2010年《最高人民法院关于审理非法集资刑事案件具体应用法律若干问题的解释》的规定来看，两者似乎并无区别，都属于

〔1〕《公安部：重拳打击非法集资等涉众型经济犯罪 去年至今年第一季度已立案近1.9万起涉案金额4100亿元 摧毁重大跨区域犯罪网络200余个依法查办涉嫌非法集资犯罪P2P网贷平台400余个》，载公安部网站，https://www.mps.gov.cn/n2253534/n2253535/c6497032/content.html，最后访问时间：2022年12月1日。

〔2〕叶良芳：《P2P网贷平台刑法规制的实证分析》，载《辽宁大学学报（哲学社会科学版）》2019年第1期。

〔3〕肖凯、陈晨等：《涉众型金融犯罪风险容易扩散叠加》，载《检察日报》2018年7月27日。

非法吸收公众存款。[1] 2015 年之前，由于在国家层面对 P2P 网贷业务无明确的监管规定，P2P 平台的行为人并没有认识到这种行为的非法性。我国通说认为，犯罪故意的成立只要求行为人明知其行为及结果的危害性，不要求行为人明知其行为及结果的刑事违法性。由此形成了刑法理论中的"不知事实免责，不知法律不免责"的传统观点。随着风险社会的到来，法定犯时代也随之到来。在法定犯不断增多的情况下，这一传统观点正在受到质疑。故意的成立与违法性意识具有密切联系。一般而言，对于自然犯，行为人只要认识到构成要件的客观事实即可认定其具备违法性意识；对于法定犯，在由于国家行政取缔目的而禁止事项的规定中，就要求行为人对于禁止事项有明确认识，否则，就意味着行为人不具备违法性意思，故难以成立，因而难以对之归责。[2]

2. P2P 平台犯罪治理的扩大化。刑法具有谦抑性。刑法谦抑性是指用最少量的刑罚取得最大的刑罚效果，因此刑罚并不是越重越好，刑罚必须适度。刑法是后盾法、保障法，当少用、慎用。有专家学者曾对"中国裁判文书网"上三年（2013 年至 2015 年）关于 P2P 网络借贷平台的全部刑事案件（13 份判决书，涉及 37 名被告人）进行分析：在 19 个被判处缓刑的被告人中从犯有 12 个，占 63.1%；在 11 个被判处 3 年以下有期徒刑的被告人中从犯有 9 个，占 81.8%。[3] 这意味着 P2P 犯罪案件中受到刑事处罚人员从犯比例较大，而这些从犯可能只是平台普通员工。不仅如此，

---

〔1〕《最高人民法院关于审理非法集资刑事案件具体应用法律若干问题的解释》第 1 条规定："违反国家金融管理法律规定，向社会公众（包括单位和个人）吸收资金的行为，同时具备下列四个条件的，除刑法另有规定的以外，应当认定为刑法第一百七十六条规定的'非法吸收公众存款或者变相吸收公众存款'：（一）未经有关部门依法批准或者借用合法经营的形式吸收资金；（二）通过媒体、推介会、传单、手机短信等途径向社会公开宣传；（三）承诺在一定期限内以货币、实物、股权等方式还本付息或者给付回报；（四）向社会公众即社会不特定对象吸收资金……"

〔2〕刘艳红：《"司法无良知"抑或"刑法无底线"？——以"摆摊打气球案"入刑为视角的分析》，载《东南大学学报（哲学社会科学版）》2017 年第 1 期。

〔3〕李永升、胡冬阳：《P2P 网络借贷的刑法规制问题研究——以我国近三年的裁判文书为研究样本》，载《政治与法律》2016 年第 5 期。

在刑事追究中还存在着“平台虚假宣传在司法解释和司法实践中未得到应有的重视”“平台形成资金池后支配使用构罪与否界限不清”“法条竞合时适用法条选择标准存在混乱”等问题。[1]

3. 重刑化成为治理 P2P 平台犯罪的重要特征。根据网贷之家提供的《国内 12 家 P2P 网贷问题平台宣判详情》[2]报告，12 家被立案审理的研究样本中，5 家被定罪集资诈骗，1 家被定罪合同诈骗，这两个罪名因为影响恶劣，被判刑期也较长，家某贷、中某投资、淘某贷实际控制人分别被判刑期为 20 年、15 年、13.5 年，全部都在 10 年之上；6 家被定罪非法吸收公众存款，刑期都在 10 年以下，其中铜某贷实际控制人判刑期限为 9 年，徽某贷判刑期限为 8 年。2015 年《刑法》修订后，死刑已经从经济罪中消失，无期徒刑是经济罪的最高刑罚。从量刑上来看，针对 P2P 领域的案件基本都是重判。杭州市中级人民法院判决某金融平台负责人蔡某聪集资诈骗罪，其被判处无期徒刑，剥夺政治权利终身，并处没收个人全部财产。这只是近期被重判的 P2P 领域犯罪案件之一。[3]

五、多管齐下、综合治理是防范类似 P2P 平台犯罪的基本策略

P2P 平台爆雷案件不断，造成了整个 P2P 行业的信誉危机，阻碍了行业整体的良性发展，教训十分深刻。金融是现代经济的核心，金融安全是国家安全的重要组成部分，防范化解金融风险是金融工作的永恒主题。2019 年 8 月 10 日在第三届“中国金融四十人伊春论坛”上有专家指出：“互联网金融系统务必吸取这几年 P2P 发展深重教训，绝不能违背金融的

[1] 叶良芳：《P2P 网贷平台刑法规制的实证分析》，载《辽宁大学学报（哲学社会科学版）》2019 年第 1 期。

[2] 《国内 12 家 P2P 网贷问题平台宣判详情》，载贸易金融网，http://www.sinotf.com/GB/News/1001/2016-06-16/4MMDAwMDIwNDQ4MQ.html，最后访问时间：2021 年 12 月 23 日。

[3] 于斌：《P2P 案件被重判背后的意义》，载和讯网，http://p2p.hexun.com/2016-07-12/184886259.html，最后访问时间：2021 年 12 月 24 日。

基本特征，必须持牌经营，必须有监管单位的日常监管，必须有运营模式要求和风险处置方式，不能‘无照驾驶’，不能利率高达百分之三十、五十的高息揽储、乱集资，不能无约束、无场景地放款融资、不能对借款人和单位钱用到哪里都不清楚，不能搞暴力催收，等等。”〔1〕鉴于此，如何防范类似案件发生，从犯罪学角度，笔者提出以下建议：

1. 加强互联网金融监管，防患于未然。互联网金融的本质是金融，金融的风险性以及风险外溢性使得金融不能脱离监管和制度土壤。“金融领域集资型刑事案件具有明显的‘涉众性特征’，面向不特定公众发行的金融产品属于公共产品，而政府负有公共管理职责。短短数年间互联网金融乱象之所以愈演愈烈，是因为在监管理念分歧的背景下，未能明晰互联网金融监管的必要性”。〔2〕“在我国 P2P 发展的初期阶段，金融监管部门曾反复提示过 P2P 网贷风险，但是迫于舆论对金融创新业务的高度支持，金融监管部门在实施严监管方面一直存在顾虑，从而在一定程度上助长了 P2P 雷潮的发生。”〔3〕P2P 平台的监管经历监管宽松→迅猛发展→创新过度→行业危机→严格监管等几个阶段。2018 年全国 P2P 网贷整治办下发《关于开展 P2P 网络借贷机构合规检查工作的通知》和《P2P 合规检查问题清单》，要求本次合规检查应于 2018 年 12 月底前完成。〔4〕至今持续了近三年的暴风监管，大量的 P2P 平台死亡或退出，根据网贷之家的数据显示，截至 2019 年 6 月，在最高累计 6618 家 P2P 网贷平台中，正常运营的仅仅 844 家，近 90% 的 P2P 网贷平台退出或转型，〔5〕P2P 平台

---

〔1〕 黄奇帆：《互联网金融系统务必吸取 P2P 发展深重教训，必须持牌经营》，载澎湃网，http：//www. 01caijing. com/article/43534. htm，最后访问时间：2019 年 8 月 15 日。

〔2〕 毛玲玲：《互联网金融刑事治理的困境与监管路径》，载《国家检察官学院学报》2019 年第 2 期。

〔3〕 周宇：《金融危机的视角：P2P 雷潮的深层形成机理》，载《探索与争鸣》2019 年第 2 期。

〔4〕 2019 年 1 月 20 日，由互联网金融风险专项整治工作领导小组办公室、P2P 网贷整治办联合发布的《关于做好网贷机构分类处置和风险防范工作的意见》提出：“坚持以机构退出为主要工作方向，除部分严格合规的在营机构外，其余机构能退尽退，应关尽关，加大整治工作的力度和速度。”

〔5〕 吕婷：《P2P 死亡盘点》，载澎湃网，https：//www. thepaper. cn/newsDetail_ forward_ 4003522，最后访问时间：2019 年 8 月 10 日。

监管取得重大进展。从监管层面看，首先，要严格坚持P2P平台的中介服务功能。要建立健全互联网金融的市场准入与退出机制。主体是否合法是行业监管的前提，立法应当予以明确。P2P平台主要为借贷双方的直接借贷提供信息服务，不得提供增信服务，不得非法集资。其次，尽快出台互联网金融的监管规则。监管规则应对行业注册资金、从业高管专业背景及从业年限、信息披露、资金托管、风险管理等方面作出更具有可操作性的规定。最后，完善征信体系建设。充分利用大数据，加快互联网征信系统建设，形成全国统一的互联网征信系统大平台，全民共享、共建，使广大投资者和P2P平台能利用互联网征信系统规避风险。

2. 加强宣传，强化公民风险意识，防止成为潜在的“被害人”。如果一个人被骗，那是这个人人傻手气坏；如果一群又一群人前赴后继被“割韭菜”，就需要国家出手，普及金融知识，打击金融骗子，整治金融乱象，维护良好金融秩序。在这一环节中形成正确的金融投资理念，树立投资风险意识十分重要。做生意是要有本钱的，借钱是要还的，投资是要承担风险的，做坏事是要付出代价的，应当成为深入人心的金融原则。加大对非法集资犯罪方面的法律、法规的宣传，并充分运用典型案例、以案说法，向群众讲透此类犯罪的危害性和风险性，及时消除一些群众对非法集资与民间借贷、投资理财之间的模糊认识，教育引导广大群众准确区分金融创新与非法集资，引导形成理性、依法投资氛围。向百姓普及金融基础知识，帮助树立正确的理财观，增强投资风险意识，避免掉入非法集资陷阱。当前宏观经济形势下，投资理财还是要多选择有正规金融牌照的机构，理性判断理财产品的收益情况。

3. 充分运用刑事、民事、行政手段，惩治互联网金融犯罪。创新是引领发展的第一动力，是企业家精神的灵魂。司法机关要坚持罪刑法定的基本原则，注重研究创新发展中出现的新型商业模式、新型投资模式和新型经营管理模式等新变化，正确区分金融创新与金融犯罪的不同情形，坚守刑法的谦抑性，避免刑事手段泛化。“如果刑法过度地介入 P2P 网络集资，不仅会阻滞甚至扼杀 P2P 网络集资带来的金融创新和所产生的积极影响，还会在很大程度上使 P2P 网络集资失去生存空间。”〔1〕“互联网金融的刑法介入路径，不应‘大刀阔斧’，在创新模式的定性和甄别上，不易直接动用刑法解决纷争；但也不应‘过度谦抑’，否则动辄数亿元的犯罪收益将会对犯罪活动形成一种反向的激励机制，给社会带来更大的危害。”〔2〕在司法实践中，“对于 P2P 平台的一般性违规行为，以及犯罪情节较轻、主观恶性小、在非法集资犯罪中作用次要的业务人员，应严格控制刑法干预的边界，要充分发挥《刑法》第 13 条‘但书’的出罪功能”。〔3〕此外，“司法机关应理性处理涉众型复杂案件，独立行使审判权。对于此类刑民交叉案件，应慎重根据个案决定‘先刑后民’、‘刑民并行’和‘先民后刑’的适用路径”。〔4〕即便行为人构成犯罪，基于行为人不具有违法性认识，大大降低了其主观恶性。知法犯法与不知法而犯法，显然主观恶性不同，“在国外的刑法实践中，违法性认识因素已经影响到刑罚的轻重”。〔5〕对构成犯罪的行为人也宜适用轻刑处罚。

结语

2015 年 6 月国务院发布的《关于大力推进大众创业万众创新若干政策措施的意见》提出要“搞活金融市场，实现便捷融资。支持互联网金融发展，引导和鼓励众筹融资平台规范发展，开展公开、小额股权众筹融

〔1〕 刘宪权、金华捷：《P2P 网络集资行为刑法规制评析》，载《华东政法学院学报》2014 年第 5 期。

〔2〕 邓超：《互联网金融发展的刑法介入路径探析——以 P2P 网络借贷行为的规制为切入点》，载《河北法学》2019 年第 5 期。

〔3〕 彭新林：《多方面完善 P2P 平台非法集资刑事规制》，载《检察日报》2018 年 7 月 8 日。

〔4〕 郑旭江：《P2P 网贷“爆雷”的困境、原因与对策》，载《“新监管背景下金融风险的刑法应对”学术研讨会论文集》（浙江大学光华法学院，2018 年 9 月），第 60 页。

〔5〕 马荣春：《论违法性认识》，载陈忠林主编：《违法性认识》，北京大学出版社 2006 年版，第 148 页。

资试点，加强风险控制和规范管理”。国务院 2015 年 12 月下发的《关于积极推进“互联网+”行动的指导意见》《推进普惠金融发展规划（2016—2020 年）》，提出规范发展各类金融机构，发挥互联网促进普惠金融发展的有益作用。中办、国办 2016 年 7 月印发的《国家信息化发展战略纲要》中提出要“引导和规范互联网金融发展，有效防范和化解金融风险”。这表明国家既要大力发展互联网金融，又要规范和防范金融风险。P2P 平台发展、惩治和规范过程，给我们留下了深刻而惨痛的教训。“金融创新需要高昂的试错成本，在没有综合国力和历史机遇保障之下的各种金融创新极有可能会沦为金融风险的策源。”〔1〕国务院办公厅 2019 年 8 月 1 日印发《关于促进平台经济规范健康发展的指导意见》（以下简称《意见》），从市场准入和合规成本、平台监管创新、发展环境优化、新兴业态培育、平台参与者合法权益保障五个方面提出了具体措施，并责成有关部门具体负责，为促进平台经济规范和健康发展提供了有力的政策支持。该《意见》特别指出，要探索适应新业态特点和有利于公平竞争的监管政策体系，要在鼓励创新的同时确保安全底线。该《意见》提出，“对看得准、已经形成较好发展势头的，分类量身定制适当的监管模式，避免用老办法管理新业态；对一时看不准的，设置一定的‘观察期’，防止一上来就管死；对潜在风险大、可能造成严重不良后果的，严格监管；对非法经营的，坚决依法予以取缔”。这种分类监管模式意味着对平台经济的监管要本着严管一批、观察一批和成熟一批的差别化治理理念，逐步推进各个领域的市场准入和合规成熟。〔2〕在创新与规范之间如何平衡，仍有待国人深入地探索和思考。尤其是刑事司法机关，在面对重要领域乱象治理时，坚守刑法谦抑性，适用刑法应审慎地保护互联网金融健康有序发展。

---

〔1〕 韩强：《互联网金融的危机与出路》，载《探索与争鸣》2018 年第 10 期。

〔2〕《学者观点丨马亮：平台经济如何避免“一管就死一放就乱”》，载搜狐·人大国发院，https://www.sohu.com/a/333237586_345245，最后访问时间：2021 年 12 月 25 日。

风险刑法视域下我国网络犯罪的规制

赵　辉　刘振翼*

一、风险刑法与网络犯罪

（一）风险刑法的内涵考察

风险刑法的核心即在于“风险”一词。“风险”是指，“与早期的工业风险相比，核的、化学的、生态的和基因工程的风险既不能以时间也不能以空间被限制，不能按照因果关系、过失和责任的既存规则来负责，也不能被补偿和保险”。[1]它不同于传统社会的“事故型风险”[2]，而是现代型风险。“现代型风险”主要具有以下四个特征：一是不确定性。现代型风险既不等于毁灭也不等于安全，甚至是否会、何时会造成严重后果都难以言说。二是全球性。世界全球化的发展使得风险已不仅仅在某个国家、某个地区中出现，而是会蔓延至全球。三是人为性。现代型风险是随着现代社会尤其是科技的发展而出现的，诸如核危机、生态污染等。人们基于国家安全与经济发展等需要，政治在科学的掩护下认可了制造风险行

---

* 赵辉，上海大学法学院副教授；刘振翼，河南省郑州市黄河公证处，公证员助理。

〔1〕［德］乌尔里希·贝克：《风险社会》，何博闻译，译林出版社2004年版，第101页。

〔2〕南连伟：《风险刑法理论的批判与反思》，载《法学研究》2012年第4期。

为的正当性，鼓励并且亲自实施这些行为，并自愿容忍它们背后的风险[1]。四是双面性。现代型风险具有双面的特性，既是矛盾冲突，也是发展机遇。贝克将现代型风险的这一特质描绘为“在认知（再认知）中领会到的知识与无知”。

基于此，风险刑法的理论建构也应当围绕规制“现代型风险”展开。首先，风险刑法以处罚抽象危险犯为主，对特殊行为进行法律拟制，将法益保护前置化。其次，风险刑法注重保护公共法益。现代型风险可能波及的范围并不局限于某个个体、某个组织甚至某个国家，其可能侵犯的法益已不再局限于个人的、物质的法益，而逐渐演变为公共的、抽象的法益。再次，风险刑法以一般的、积极的预防为目的。基于“现代型风险”所带来的具有不确定性、危害范围广、危害程度高等特质的危害后果，以及该后果的不可挽回性，相比于通过事后报复来实现特殊预防目的的罪责刑法，人们更期待刑法对安全与秩序给予更多的保障性回应。最后，风险刑法应以行政法律法规为前置。现代型风险具有人为性与双面性，风险刑法在应对现代型风险这一棘手特征时，需要首先以制度性反思为前提，也即贝克所提及的“自反性现代化”的要求，在科学、政治等层面承认现代型风险的存在，并适当降低容忍风险的程度。

（二）网络犯罪的概念演变及特征

1. 网络犯罪概念界定

网络犯罪是伴随着网络技术的发展而产生的犯罪类型。其犯罪形态特征主要经历了“技术性侵害——利益性侵害——利益性侵害、秩序性侵害的混合”这三个阶段。梳理网络技术的发展及其对应犯罪形态的演变，可以发现，网络空间这一“虚拟社会”逐渐成型，仅关注侵害计算机本身

---

〔1〕 南连伟：《风险刑法理论的批判与反思》，载《法学研究》2012年第4期。

的危害行为已无法满足维护网络安全的现实需要。因而，“网络犯罪”这一内涵与外延更为丰富的概念应运而生。

“网络犯罪”这一概念并非规范意义上的刑法学术语，而是根据其犯罪特点归纳出的一类犯罪类型。有多数学者认为，“网络犯罪”属于犯罪学上的概念而非刑法学概念。将网络犯罪归于犯罪学概念的学者认为，网络犯罪是指行为人在互联网上实施的犯罪行为或者说是行为人以互联网为犯罪工具实施的犯罪行为。[1]其不仅包括真正意义上的典型计算机犯罪，同时也包含了部分以互联网为工具而实施的传统犯罪。同时，也有学者在刑法意义基础上对网络犯罪进行认定，认为网络犯罪是指犯罪分子利用其编程、加密、解码技术或工具，或利用软件指令、网络系统或产品加密等技术及法律规定上的漏洞或瑕疵，抑或利用其居于互联网接入服务供应商、信息供应商、应用服务供应商等特定地位或方法，在互联网上实施的，触犯特定刑法规范的严重危害社会的行为。[2]本文认为，网络犯罪的概念认定中应当具备应用信息网络技术与危害网络信息安全这两个特征。在此，本文采用皮勇教授的观点，将网络犯罪定义为：利用计算机、网络技术等信息技术或者其特性，危害计算机、网络和数据安全，危害社会信息安全，社会危害性严重的行为。[3]其包括了两个内涵：一是以计算机（指计算机信息系统）为对象的犯罪行为，主要包括侵入、破坏等典型计算机犯罪类型；二是以计算机网络为犯罪工具或者犯罪平台的犯罪类型。本文所提及的“网络犯罪”是这两个内涵中所包括的所有犯罪行为类型的总和，即对与计算机和网络相关的犯罪行为的统称。

2. 网络犯罪典型特征

与其概念演变相对应，网络犯罪也呈现出了更加复杂的特质。其一，

---

〔1〕 于学德：《网络犯罪的特点及其防范》，载《中国律师》1998年第9期。
〔2〕 屈学武：《因特网上的犯罪及其遏制》，载《法学研究》2000年第4期。
〔3〕 皮勇：《网络犯罪比较研究》，中国人民公安大学出版社2005年版，第12~13页。

网络犯罪具有高度复杂性。网络社会是虚拟的，但又高度对应着现实社会，虚实两个空间的高效互动造成了网络影响力的几何式扩大，而犯罪迅速地将触角探入了网络社会，依托于网络平台，攫取犯罪的资源和空间，呈现出“异化”且不断复杂之势。〔1〕并且，虚拟性与互联性使得网络中的任何一点风险与缺陷都会被放大，在现实生活中的简单行为呈现在网络中时可能已经面目全非。

其二，网络犯罪所侵害的法益范围日益扩大。随着互联网的普及，人们在网络生活中的权益逐渐与现实生活重合，网络犯罪所侵犯的法益变得日益复杂，人们在网络生活中的不安全感也日益提高。同时，互联网将原本陌生、无关的人和物联系在了一起，因而网络犯罪所侵犯的法益也不再局限于个人的、单独的法益，而是会向着公共法益扩张，这也会引起刑法保护前置的问题。

其三，网络犯罪日渐呈现出异化的特质。在去中心化的影响下，网络犯罪的行为主体、行为方式以及共同犯罪结构等都会发生很大变化，刑法的规制模式必须进行相应的调整。〔2〕比如，根据最高人民法院、最高人民检察院于2013年出台的《关于办理利用信息网络实施诽谤等刑事案件适用法律若干问题的解释》，其中对于网络诽谤行为的认定，即针对网络的虚拟性、去中心化等特征，将“转载、点击”引入定罪的判定标准中来。网络犯罪相比于传统犯罪而言，在各个方面都隐隐呈现出突破之势。

---

〔1〕 卢建平、姜瀛：《犯罪“网络异化”与刑法应对模式》，载《人民检察》2014年第3期。

〔2〕 王肃之：《从回应式到前瞻式：网络犯罪刑法立法思路的应然转向》，载《河北法学》2016年第8期。

二、风险刑法视角下网络犯罪刑事规制的必要性

（一）网络犯罪的风险属性

1. 高度不确定性

现代型风险的首要特征即为不确定性，而这一点在网络犯罪中也得到了体现。目前的网络技术依托于全球互联网的发展，其在操作方式、信息传递路径以及作用影响等方面均呈现出高速变革之态，从而使得网络犯罪也日渐呈现出高度的不确定性。网络犯罪的高度不确定性主要体现在行为人不确定、行为方式不确定、行为后果不确定等多个方面。

2. 危害后果的强扩散性

由于互联网的交互性与去中心化，网络犯罪所造成的后果有着极强的扩散性。在移动互联网中，每一个端口都代表着一个网民，可以接收或发送信息及数据。“点对点”式的不同个体之间的互动使得网络中的社会关系变得错综复杂。以传播虚假信息为例，行为人可以在网络中通过排查端口直接锁定目标进行信息传输，同时也可以通过散播的途径，将不法内容无差别式地发送到不特定的端口之中。接收信息数据的端口则能够进行再一次的传输。这样，以行为人为中心，不法信息可以在极短时间内呈网状迅速地传播出去。另外，移动互联网又具有去中心化的特质。发展至今，移动互联网中的每一个端口都可以自由实现组织、传播、接收数据等各项功能，而不需要中转机等进行转送。这也意味着，每一个端口都能够以其为中心进行信息传输。同时，该端口在下一步又可以顺利实现信息的接收工作，而无论该信息是不是其上一步所操作过的内容。

3. 异化性

异化性是指在网络环境中，传统犯罪在与网络技术深度结合之后，所

呈现出的犯罪手段增多、社会危害性增长、行为表现模式翻新等各种问题。

网络犯罪的异化性主要体现在以下若干方面：一是犯罪空间的异化。二是犯罪对象的异化。在网络空间中，网络犯罪的对象异化为了纯虚拟环境下所呈现出的各种数据与信息，这些数据和信息承载着一定的利益，却难以将其直接视为具体有形的客观事物。三是犯罪手段的异化。网络犯罪中，其实现犯罪目的的途径花样百出。如最高人民法院、最高人民检察院关于网络诽谤的司法解释中所明确的“转发、点击”的行为模式等。四是犯罪主观方面的异化。根据《刑法修正案（九）》的规定，网络平台管理者不仅要约束自己的行为，还要对网络平台其他用户的行为进行监督。这里主观故意的含义不仅包括对自己可能造成危害后果的行为的放任，也包括对他人失范行为的放任。五是共同犯罪的异化。在网络空间中，新的客观环境使得共同犯罪的内部“物理”结构产生了变动，具体表现为网络共同犯罪中的组织行为的犯罪成本与加工程度因网络信息传播的便捷性而有所降低，网络共同犯罪中的教唆行为与帮助行为之间的界限日益模糊，网络共同犯罪中技术型帮助行为逐渐向着实行行为转化等。

（二）罪责刑法理论规制网络犯罪的局限性

1. 法益保护的有限性

罪责刑法以处罚侵害犯与具体危险犯为主。刑法主要围绕个人的、物质的、客观的法益类型进行保护。然而，网络犯罪所侵害的法益范围早已超越了罪责刑法中对个人法益的保护范畴。网络空间的互动性、去中心化、共享性等特质使得其中带有个体属性的法益随着各个端点的聚合和连接，推动着网络犯罪的侵害对象及其法益迅速地由个体向着公共扩张，[1]呈现出法益公共化的趋势。因此，罪责刑法对于个人、物质法益的保护已

〔1〕 王肃之：《网络犯罪法益的公共化与刑法回应路径探析》，载《北京邮电大学学报（社会科学版）》2017年第2期。

经无法应对愈演愈烈的网络犯罪所带来的危害。

罪责刑法对法益的保护具有明显的滞后性。在罪责刑法理论中，刑法的介入应当基于侵害结果已经发生或者有高度可能性发生。而如果仅有实行行为而不存在危害后果或者危害后果并非高度可能发生时，则达不到刑法的介入标准。但是在网络犯罪中，由于行为的即时性与扩散性，如果不在行为实行期间进行阻止，一旦造成后果，那么将会导致难以估计的损失。网络犯罪的不确定性、全球性等特质已然属于现代型风险的范畴，传统罪责刑法理论中主要处罚实害犯或具体危险犯的观念已不再适合。

2. 主观方面认定的障碍

罪责刑法基于古典自由主义生存的政治与社会生态，优先将危害即实害作为刑罚正当的依据，以结果本位为主导。然而，随着风险社会中风险的扩散化与日常化，结果本位主义刑法在预防和法益保护方面所发挥的作用日渐缩减，惩罚风险行为本身成为目前刑法规制的新趋势。我国传统刑法理论坚持主观罪过与客观危害相结合的原则，在很大程度上保证了刑法适用的正当性。但网络犯罪具有高度复杂性与虚拟性，在很多时候都难以套用传统的故意理论，无法对行为人的主观罪过进行准确认定。

我国传统故意理论认为，意志因素是决定行为人是否具有故意的关键因素，而意志因素的最终导向是对结果的认识。这里的结果并不是指抽象的危险，而是一种具体的犯罪结果。因而，在以传统故意理论来认定网络犯罪行为犯的主观意志过程中就出现了障碍。尤其是在近年来出现的一系列网络不法行为中，行为人所表现出的故意内容愈加模糊化，即行为人在实施某不法行为（包括作为与不作为）时，并不能明确认识到自己行为可能造成的后果，甚至在根本上缺乏具备认识要素的可能性。而同时，行为人的行为又严重影响了网络空间的安全与秩序，存在极大的风险隐患。

3. 归责模式的限制

以传统归责模式认定行为人刑事责任的过程中，证明危害行为与危害后果之间的因果关系成为使行为人承担刑事责任的关键。然而，在网络犯罪日益复杂的现实状况下，危害行为、危害结果的内涵出现了变化，同时因果关系呈现出模糊化、复杂化、重叠化等趋势。传统罪责刑法中的归责模式在应对网络犯罪时遇到了障碍。

在应对不法网络中立帮助行为时，原有的归责模式存在着明显的局限性。第一，网络中立帮助行为并不是传统意义上的危害行为，其属于职业性、习惯性的中立行为。第二，所造成的危害后果实际上应归因于实施网络不法行为的主体，而非提供网络中立帮助行为的主体。网络服务提供者只是为不法后果的扩散提供了相应的空间。因而，按照现有的归责原则，难以对“助燃”型的网络中立帮助行为进行处罚。

另外，在共同犯罪的场合，罪责刑法中通说的共犯归责模式为限制从属说，即共犯的成立以正犯的行为符合构成要件且具有违法性为必要。〔1〕但在网络共同犯罪中，由于网络技术、工具在犯罪过程中所起到的作用超越了一般共同犯罪的作案工具，网络帮助犯呈现出比正犯行为更大的法益侵害潜能。正犯行为仅具备形式违法性，而帮助行为却可能具备实质违法性。传统共犯归责模式下“违法连带”的做法可能使得网络共犯的处罚间隙被扩张。〔2〕有人认为，在单独的被帮助者可能由于行为过于轻微而无法构成犯罪的情况下，根本无法评价帮助者行为的刑事责任。同时，“互联”“多向”的互联网通信技术使得网络共同犯罪人之间的犯意联络被稀释弱化。而将网络帮助行为单纯认定为帮助犯的做法亦可能导致网络共同犯罪评价陷入罪刑失衡的困境。

〔1〕 陈家林：《外国刑法：基础理论与研究动向》，华中科技大学出版社2013年版，第235页。

〔2〕 王霖：《网络共犯归责模式新构——以改良纯粹惹起说为视角》，载《西部法学评论》2017年第1期。

（三）风险刑法规制网络犯罪的契合性分析

1. 网络空间多元法益的保护需求

网络空间的多元法益包括计算机信息系统安全、网络空间中的国家安全、公共安全、个人人身、财产权益以及公共秩序等。由于网络技术的虚拟性、互联性以及去中心化等特质，网络空间中破坏其多元法益的行为相比于现实社会来说，其危害速度、危害范围、危害程度更为严重。然而，罪责刑法理论更多强调的是保护计算机网络本身及其内存数据的具体的、物质的单一价值，而对于网络空间中的安全、秩序等其他公共的、多元的法益的保护有所欠缺，从而导致网络空间中的环境远逊于现实社会。基于此，风险刑法理论为规制“现代型风险”而生，其所保护的法益内涵相比于罪责刑法来说，更倾向于多元化、公共化。

2. 法益保护早期化的有利实现

以实害犯为中心的罪责刑法认为构成犯罪必须要求行为已经给法益造成了实际损害或高概率的危险。而这样的保护力度在面对现代型风险时难免会出现滞后现象。网络犯罪作为具备现代型风险的犯罪类型，无论是其行为方式还是危害后果，均具有极强的不确定性、扩散性与跨地性。网络犯罪所带给社会、公众的安全威胁不仅来自其危害后果，更来自网络犯罪危害行为本身的风险性。应对网络犯罪，需要将刑法的预防机能放在更为突出的位置上，通过对风险的预防与管控，实现法益保护的早期化以控制网络犯罪的滋生。因而，相比罪责刑法，风险刑法以控制和管理风险为目的，对一些风险性行为进行类型化拟制并提前介入刑法保护，能够更为合理且有效地规制网络犯罪，从而实现对网络犯罪这一现代型风险的风险调控。风险刑法提前介入保护的典型表现即为设立抽象危险犯与处罚未遂犯。尤其是针对网络即时性的不法行为设立抽象危险犯，将大量的具有类似高度风险的行为组群拟制为具有抽象危险的类型化行为，并纳入刑法保护的范畴。

3. 罪责刑法归责模式的局限弥补

罪责刑法的归责以因果关系为联结。而在网络犯罪中，一旦发生了损害结果，根据罪责刑法的因果归责模式可能难以具体认定行为与结果之间是否存在确切的因果关系，从而导致行为主体的缺位。如目前引起学界热烈讨论的网络中立帮助行为，在因果关系方面，网络服务提供商并非违法行为的实施者，难以以网络服务提供商为主体在其中立帮助行为与严重后果之间建立因果关系。罪责刑法在控制网络犯罪风险方面存在着固有的归责模式失效的困境。

风险刑法理论正是以规范性的责任分配作为归责基础，其能够解决传统因果归责模式以及共犯归责模式下规制网络犯罪时所遇到的障碍。一方面，其能够对网络服务提供商的“助燃”行为进行有效处罚。以风险刑法规制网络犯罪，采取其风险分配的归责模式，规范化网络服务提供商的注意义务，并将一定程度上的义务违反作为归责的基础；另一方面，在应对网络共同犯罪时，采取风险分配的归责模式，能够合理解决目前所存在的共犯危害性实质大于正犯的处罚失衡状况。

三、风险刑法视角下我国网络犯罪刑事规制现状之考察

网络是“现代型风险”的载体，以网络为媒介的网络犯罪暴露出了风险社会中的风险隐患。现今，我国网络犯罪的刑事规制虽在一定程度上呈现出风险刑法的影子，在共犯形态、中立帮助行为等方面突破了传统的刑法理念，但在整体上依然存在着个别缺陷。

（一）网络犯罪法益保护单一化

目前，我国刑法规定的与网络犯罪相关的条文中对于网络犯罪的法益

保护呈现出单一化的特征。这主要体现在以下两个方面：

一是在典型计算机犯罪中，对网络公共安全保护不足。如在非法侵入计算机信息系统罪中，我国《刑法》对侵入除了国家事务、国防建设、尖端科学技术领域的计算机信息系统以外的计算机信息系统的行为，设定了一定的定量标准，如获取身份认证信息 10 组以上、非法控制计算机信息系统 20 台以上等内容。

二是在传统犯罪所异化而成的网络犯罪中，对网络公共秩序的保护力度有待加强。我国《刑法》立法与司法解释中对网络诽谤、利用网络传播淫秽色情信息等行为的规定也是基于对个人法益的保护，如多以一定数额、情节、相关后果作为入罪之标准，而非以单纯实施某一类型化的行为为处罚依据。网络诽谤、网络传播淫秽色情信息等行为实际上已经侵犯到了网络公共秩序，若长期存在，最终势必会影响到网络空间的整体清朗环境。

（二）典型网络犯罪的法益保护有待完善

1. 以网络为犯罪对象的网络犯罪

在我国刑法规定的以网络为犯罪对象的分则条文中，典型的网络犯罪代表即为非法侵入计算机信息系统罪与破坏计算机信息系统罪。对于非法侵入计算机信息系统的行为，我国《刑法》规定只有针对上述三类领域的计算机信息系统的非法侵入行为才可以在行为实施之后立刻对其进行处罚。这使得我国刑法对网络侵入行为所规定的刑罚启动点偏后。而对于破坏计算机信息系统的行为来说，我国刑法规定实施法律规定的破坏行为〔1〕，后果严重的应承担刑事责任。另外，我国刑法对于具有严重社会危害性的非法侵入、破坏计算机信息系统的预备行为的规定有待完善，这也给了不

〔1〕 对计算机信息系统功能进行删除、修改、增加、干扰，对计算机信息系统中存储、处理或者传输的数据和应用程序进行删除、修改、增加的操作，以及故意制作、传播计算机病毒等破坏性程序的。

法分子以可乘之机，留下了风险隐患。

2. 以网络为犯罪工具、犯罪空间的网络犯罪

从总体上看，以网络为犯罪工具、犯罪空间的犯罪行为由于其发生场域、实施途径等与普通刑事犯罪大有不同，有着明显的网络技术风险属性的加成。而我国刑法却在大体上仍将其视为普通刑事犯罪来处理，对于其呈现出的社会危害性扩大化的规制程度不足。

一方面，对于利用信息网络而实施的普通刑事犯罪，我国刑法的基本处理规则是依照该刑事犯罪在刑法分则中的相关规定定罪处罚。虽然利用信息网络所实施的普通犯罪的构成要件未发生改变，但由于网络技术的介入，这些犯罪的预备行为所带来的风险远远超出了以传统手段所实施犯罪的预备行为。而我国刑法目前对利用信息网络而实施的普通刑事犯罪的预备行为的处罚有待进一步完善，仅规定了设立网站、发布信息这两种预备行为，并且相关犯罪行为类型也仅限于诈骗、传授犯罪方法、制作或者销售违禁物品、管制物品。

另一方面，我国刑法对网络诽谤、网络传播淫秽物品、在信息网络中传播虚假信息的行为的刑法介入保护点相对滞后，多以一定数额、情节、相关后果作为入罪之标准，可能会使得相关法益得不到充分的保护。

（三）中立帮助行为的性质认定有待进一步完善

网络服务商的中立帮助行为在性质上达不到帮助犯的主观故意程度，但在客观上却能够导致比帮助犯甚至主犯还要严重的危害后果。目前我国刑法在关于网络犯罪的立法及司法实践中缺乏风险分配型的归责模式，从而导致对网络服务提供商的中立帮助行为认定有待进一步完善，使得保护网络技术发展和打击网络犯罪之间产生冲突的可能性极大提高。

在立法方面，《刑法修正案（九）》第 28 条规定的拒不履行信息网络安全管理义务罪与第 29 条规定的帮助信息网络犯罪活动罪在实质上是

对网络中立帮助行为的入罪处理，但在理论方面仍尚未承认中立帮助行为这一概念，而是将这两条刑法条文作为普通共同犯罪中的帮助行为正犯化来进行认定。实际上，网络中立帮助行为由于缺乏共同犯罪意思联络以及共同的犯罪故意，并不是我国传统刑法理论中典型的帮助犯，将其作为“帮助行为正犯化”来解释，有不妥之处。

在司法实践方面，由于我国对处理网络中立帮助行为需进一步明确，司法机关缺少对行为人定罪量刑的依据，因而在个别具体实践中会出现不当归类的情况。即若行为人实施了网络中立帮助行为，而又不存在确定的实行犯，同时行为人的中立帮助行为又造成了严重后果，那么司法机关往往会将其作为实行犯〔1〕进行处理。

（四）共犯形态异化对处罚提出挑战

相较于风险刑法中风险分配的归责模式，原有罪责刑法理论中以分工作为处罚标准的共同犯罪处罚模式在对其进行规制时容易出现处罚不当的状况。处罚不当的情况主要体现在以下两个方面：一是犯意联络模糊而导致的处罚不全；二是帮助犯的实际作用高于主犯而出现的处罚失衡。

犯意联络是我国刑法理论中构成共同犯罪所必不可少的要件。但在网络空间中，参与其中的个体本身的虚拟性就极强，而沟通过程中的信息真假性也更难甄别。因此，网络空间中的共同犯罪行为呈现出犯意联络模糊的趋势。在这一趋势的影响下，司法机关有时候只能对极个别带头领导或组织者进行处罚，从而导致处罚不全。

在我国刑法条文中，对主犯的处罚力度要高于从犯。然而，由于网络空间的异化作用，网络共同犯罪中有时帮助犯也即从犯对犯罪结果的加功

---

〔1〕《最高人民法院、最高人民检察院关于办理利用互联网、移动通讯终端、声讯台制作、复制、出版、贩卖、传播淫秽电子信息刑事案件具体应用法律若干问题的解释（二）》规定，若网络服务提供者明知是淫秽电子信息，而允许或放任他人的发布行为的，符合一定情形，以传播淫秽物品罪定罪处罚。这即是将网络中立帮助行为作为实行犯处理的情形。

作用要高于实行犯也即主犯。目前我国司法解释中的“帮助行为正犯化”趋势只能在有限的范围内对共犯处罚失衡状况进行相应调整。

（五）对网络不法行为确认犯罪化应谨慎

目前我国网络犯罪中的司法犯罪化主要表现为：对相关刑法条文中的“情节严重”、数额进行明确；对具体行为方式进行限定；具体描述犯罪构成要件；将具有严重社会危害性但刑法并未对其进行规制的行为以犯罪论处。前三条符合司法解释的应有之义，而第四条则呈现出过度犯罪化的倾向。

将具有严重社会危害性但刑法并未对其进行规制的行为以犯罪论处是我国网络犯罪相关司法解释过度犯罪化的典型表现，也就是司法解释中出现硬性解释。其代表性解释即为在与网络著作权刑法保护相关的司法解释中将网络传播行为解释为“复制发行”。我国《著作权法》中明确规定，著作权包括复制权、发行权及信息网络传播权，这就意味着实际上网络传播行为与复制发行行为是两种并列的行使著作权的行为，不存在包含与被包含的关系。在此种情况下，就不应当再通过司法解释的方式来对该行为进行规范，而是要对与侵犯著作权有关的刑法条文进行修正。

四、风险刑法语境下我国网络犯罪刑法规制的完善

在面对充满人为不确定性的现代型风险的现代社会时，以报应与谴责为主要目的的罪责刑法却由于法益保护的局限性、刑法保护的滞后性以及归责原则的约束而呈现出了诸多障碍。对此，在规制网络犯罪时，适用以预防和管控风险为主的风险刑法有着相当的合理性与必然性。但同时，由于风险刑法相对于罪责刑法而言的“开放性”，在适用的时候也要防范其内在本身的“风险”。控制预防风险刑法本身的内在风险，也是维护国家

法治、保障个人权利的要求。鉴于此，笔者认为，在以风险刑法理论对网络犯罪的刑事规制进行指导的过程中，更应强调刑法基本原则及理念的指导与约束价值，明确风险刑法的适用底线，把握好风险刑法的“分寸”与“尺度”，将风险刑法的“风险”控制在社会可接受范围内，让风险刑法在适度、合理的范围内发挥其最大效用，而不至于令风险刑法的“风险”危及公正的价值。

（一）刑法基本原则的坚持与强化

1. 自由与秩序的价值平衡

风险刑法的理论建构不能忽视自由与秩序之间的价值平衡问题。秩序源于人类的社会倾向，而自由则根植于人类自我扩张的自然本能。〔1〕两者之间难免会产生冲突。但这样的冲突并不意味着双方的价值追求完全对立。如今，在风险社会的背景下，为应对日益增多的风险源及其所带来的现代型风险，风险刑法以维护秩序、提供安全为其主要价值依托，通过保护圈的扩大、刑罚前置、积极预防等措施来满足人们不断增长的安全需求，这种做法情有可原。然而，此种价值取向也遭到了一些学者的诟病。过度地强调秩序价值，“让自由给安全让路”，极可能使风险刑法异化为侵犯个人自由的工具，从而使社会、个人面临以保护公共利益之名侵犯自由权利的新风险。对此，应审慎对待刑法自由价值与秩序价值之间的平衡问题，不能一味追求秩序价值以应对风险而摧毁了自由。

为实现网络空间自由与秩序的价值平衡，首先应明确两个理念：一是网络秩序是实现网络自由的必要基础。在信息时代，交流自由是时代精神的文化核心，而使用户自由、平等地联入网络并交流和共享信息则是互联

〔1〕 郝艳兵：《风险刑法：以危险犯为中心的展开》，中国政法大学出版社2012年版，第60页。

网创立和应用的普遍理念。[1]但同时，网络空间不是“法外之地”，为保证网络虚拟社会的正常、有序运行，需要对相关组织及个人的网络行为进行规范，构建相应的网络法律法规、道德观念。无限强调网络个体自由必然导致自由的滥用，从而滋生网络攻击、违法信息泛滥、网络暴力、网络色情等一系列网络不法行为。二是网络自由是网络秩序孜孜追求的价值目标。网络秩序的建立，是通过约束必要的个体自由，以实现大多数人的自由，从而最大限度保障所有网络主体的相对自由。自由是网络主体参与网络活动的最终价值目标。但是，实现自由的前提必须是存在着一个所有理性人皆同意的普遍秩序，秩序的诞生即是为了维护更大的自由。以风险刑法规制网络犯罪，将某些具有严重风险可能的行为拟制为类型化行为，设立抽象危险犯，实际上也是通过约束某些个体的网络行为来营造清朗的网络环境，从而推动实现大多数人的网络自由。

对此，一方面，应在规制网络犯罪时，允许风险刑法作为罪责刑法的例外而存在。在保证刑法的机能的同时，以维护社会秩序、利益最大化为目的，赋予风险刑法以例外而存在的合法性与合理性。例如，针对实害犯、具体危险犯所不能有效规制的网络侵入行为、大规模扩散行为等网络不法行为，设立抽象危险犯等。同时，在对网络中立帮助行为、网络共同犯罪行为进行入罪、责任分配处理时，引入风险分配的归责模式以平衡处罚失衡情况。另一方面，也应对风险刑法的适用加以限制，以保障自由价值的实现。设立抽象危险犯、保护公共法益等理念的引入，在一定程度上必然会对原有的个人网络自由界限造成影响，因而应对风险刑法这一例外建构采取必要的限制，在确定适用风险刑法时遵循相应的原则。具体包括：一是目的正当性原则，即以风险刑法规制网络犯罪的目的是维护网络秩序与安全、保护社会及个人权益，同时不违背社会伦理，也不对其他权

---

〔1〕 代金平、郭娇：《自由与规范：网络文化的基本价值冲突?》，载《西南大学学报（社会科学版）》2009年第2期。

益造成危害。二是手段必要性原则，即应基于社会特殊情形的迫切需要，非超越原则不足以满足对公共利益的保护或保护成本太大而目前的刑事司法体系难以承受。三是狭义的比例性原则，即以风险刑法规制网络犯罪必须兼顾公共利益和个人权益，不能顾此失彼，同时应将某一方不利影响控制在尽可能小的范围内。〔1〕

2. 协调风险控制与刑法谦抑性原则之冲突

刑法的谦抑精神包括刑法的有限性、刑法的迫不得已性以及刑法的宽容性。〔2〕谦抑主义要求“刑法的发动不应以所有的违法行为为对象，刑罚限于不得不必要的场合才适用”〔3〕。这就决定了刑罚的发动必须是被动的、补充的，以必要性为前提，不能对犯罪行为采取主动出击。然而，以风险刑法规制网络犯罪，需要通过设立抽象危险犯等，将刑罚的启动提前至危害结果发生之前，从一定程度上突破了以实害犯为规制对象的罪责刑法限制，扩大了刑法的处罚范围。可见，提倡刑法作为最后手段的谦抑性原则与以风险控制为目的的风险刑法之间出现了冲突。〔4〕若是无视风险刑法可能对刑法谦抑精神带来的风险威胁，任由风险刑法脱离谦抑原则的约束，那么风险刑法不但不能有效规制风险，反而会为新风险的滋生提供土壤。因而，需要重视风险控制与刑法谦抑性原则之间的冲突调和，即风险刑法虽以风险控制为主要目的，但其也需要受到刑法谦抑主义的约束，在行为拟制、设立抽象危险犯方面也需要遵循必要性、补充性之原则，符合刑法谦抑精神的内容要求。

风险刑法需遵循必要性、补充性之原则。一方面，为规制网络犯罪采取设置抽象危险犯等手段应以必要性为前提。该必要性主要体现为行为危

---

〔1〕 龙敏：《秩序与自由的碰撞——论风险社会刑法的价值冲突与协调》，载《甘肃政法学院学报》2010年第9期。

〔2〕 王明星：《刑法谦抑精神研究》，中国人民公安大学出版社2005年版，第61页。

〔3〕 马克昌：《我国刑法也应以谦抑为原则》，载《云南大学学报（法学版）》2008年第9期。

〔4〕 乔沙：《刑事立法谦抑主义不应阻却风险刑法理论确立》，载《甘肃政法学院学报》2013年第9期。

害的紧迫性与以抽象危险犯规制的显著有效性。即一是当某一类网络不法行为在客观上已造成极大损害、严重破坏了网络秩序并侵犯了个人权益且给社会带来不良影响，社会公众亟待刑法的严厉手段对其进行规制时，二是罪责刑法在规制该行为过程中又出现各种障碍，使得行为难以得到有效规制。此时，才可以说针对该网络不法行为设置抽象危险犯等具有了现实的必要性。另一方面，设置抽象危险犯等手段也应以补充性为必要条件。风险刑法本身即为罪责刑法之补充，用以控制并规制具有现代型风险的不法行为。因而，在网络犯罪刑事规制中设置抽象危险犯等手段，也应以补充性为必要，严密刑事法网，以填补刑法规制空白地带。

同时，以风险刑法规制网络犯罪，也应分别满足刑法的有限性、刑法的迫不得已性以及刑法的宽容性的要求。刑法的有限性包括刑法调控范围的有限性与刑罚发动的有限性。刑法调控范围的有限性是指刑法调控的对象必须是在行为人的意识支配下严重危害社会的行为〔1〕，应同时具备严重社会危险性、行为人所实施、具体行为这三个特征。而以风险刑法所规制的网络不法行为，也应满足这三个特征要求。而刑罚发动的有限性则是指发动刑罚需同时满足实体及程序的双重标准。在实体方面，需符合罪刑法定原则与犯罪构成要件两方面的要求；在程序法方面，则需做到非经法定程序，不得剥夺任何人的生命与自由以及其他合法权益。

而刑法的迫不得已性是指不到万不得已不得把某种行为在刑法中加以规定，不到万不得已不得在刑法中规定以及动用较重的刑罚〔2〕，也即刑法的最后性或补充性。尤其是对于属于法定犯范畴的网络犯罪来说，必须在明确其他“技术性制裁”（如自律管理、民事及行政制裁等）无法发挥有效作用的前提下，才能对相关网络不法行为做入罪化处理。例如，对于网络服务提供商明知是侵权信息而不删除的不法行为，一般程度上以民事侵权行

〔1〕 王明星：《论刑法的有限性》，载《铁道警官高等专科学校学报》2008 年第 6 期。

〔2〕 王明星：《刑法谦抑精神研究》，中国人民公安大学出版社 2005 年版，第 78 页。

为进行处理，而只有该行为具备了严重的社会危害性，才考虑将其入罪。

刑法的宽容性是指刑法介入社会生活、介入人类行为领域时，应当有尊重、保护、扩大公民自由和权利的极大同情心、自觉性和责任心。[1]其价值内涵在于其所具备的人道性。具体来说，刑法的宽容性体现在以下几个方面：一是刑法发动的善意性，二是刑法调控目标的现实性，三是刑法调控范围的谦抑性，四是刑法调控的人道性。[2]对此，应准确、严格衡量网络不法行为的实际社会危害性以及其对公众社会生活的实际影响，以维护社会安全、保障个人权益为必要出发点，采取相应措施。

3. 坚持罪刑法定原则

风险刑法理论以一般积极化的预防倾向为主导，对风险行为进行类型化拟制，提前介入刑法的保护。若是肆意扩大风险刑法的适用范围，将是对罪刑法定原则的彻底违反。有学者认为，风险刑法强调以行为人为基础的社会防卫理念，主张“新形势”下的刑法社会防卫机能优于权利保障机能，突出对刑法预防机能特别是一般预防机能的重视。其实质是对以行为为基础、坚守权利保障的罪刑法定原则的挑战，其隐含着不可控的隐性法治风险。[3]实际上，风险刑法属于罪责刑法的“例外之补充”。在遵循现代刑法基本原则方面，风险刑法与罪责刑法应处于同一立场。归根结底，风险刑法以管控现代型巨大风险、进而保障多数人的生命财产安全为目的，其与罪刑法定原则的权利保障机能并非背道而驰。罪刑法定原则同样也是风险刑法合理存在的根本基础。对此，无论是罪责刑法还是风险刑法，均需要遵循罪刑法定原则中法定性、合理性以及明确性的基本要求。

一是法定性的要求。在此，我国司法机关应当处理好刑法条文的修正与司法解释之间的关系。司法解释应是在刑法条文的应有之义范畴内，对

---

〔1〕 王明星：《论刑法的宽容性》，载《中州学刊》2010年第4期。
〔2〕 王明星：《刑法谦抑精神研究》，中国人民公安大学出版社2005年版，第102页。
〔3〕 闻志强：《重申罪刑法定的基本理念》，载《法商研究》2015年第1期。

刑法条文进行具体化的适用解释，而不得超出刑法条文的意思范畴。基于立法技术的固有缺陷以及现实客观情况的复杂多变性，现有刑法立法不可能实现对某一犯罪的构成要件要素的精确描述，同时刑法条文也不可避免地会与客观情况有所出入。[1]因而，以司法解释的形式对刑法条文进行描述时，会存在扩大或缩小刑法应有适用范围的可能性。但合理的扩张或限缩解释是允许的，也符合现实生活的客观需要。需要避免的是为惩罚某一类网络不法行为而进行的类推解释，如将网络传播行为解释为复制发行行为，将其纳入侵犯著作权罪的规制范畴。因而，立法机关及司法机关应对网络不法行为的内涵进行准确认定，属于扩张解释的范畴即可以通过司法解释手段来进行规制；而若是超出了刑法原有条文的应有之义，则必须通过刑法条文的修正来解决。

二是合理性的要求。即刑罚的科处应与社会客观现实状况、社会危害性程度以及一般人的价值观念相符合。目前，计算机和网络技术日渐普及，传统的盗窃、诈骗、赌博等违法犯罪行为在网络世界中改头换面、大行其道，而网络攻击、网络病毒、恶意程序、网上信息泄露等新型的网络犯罪更是不断涌现。[2]在应对网络犯罪时，罪责刑法在保护法益、刑罚启动点、归责模式等方面存在着困境。因而，针对这一困境，即客观存在着巨大的现实刑法需求，若风险刑法理论能够较好地满足这一需求，那么风险刑法的适用即符合合理性之要求。同时，从现状来看，无论是典型网络犯罪还是以网络为工具的传统犯罪，若要将其入罪，均应当确定其已经对社会秩序及安全、个人权益等形成了巨大威胁，并呈现出严重的社会危害性的特征。而如果只是轻微的危害行为，则无须动用刑法力量来解决。

三是明确性的要求。一方面，应准确定义相关网络不法行为的概念内

---

〔1〕 李会彬：《网络言论的刑法规制范围——兼评两高〈关于办理利用信息网络实施诽谤等刑事案件适用法律若干问题的解释〉》，载《法治研究》2014年第3期。

〔2〕 邢飞龙等：《中国网络法律体系的现状分析和未来建构——以2012年12月31日为截止时间点的分析》，载《辽宁大学学报（哲学社会科学版）》2013年第7期。

涵，避免其成为“口袋罪”。我国刑法分则中存在着一些罪名，因其本身并不完全符合罪刑法定原则的明确性要求，而被称为“口袋罪”。而在应对网络不法行为时，应避免将其认定为“口袋罪”的情况。非法经营罪是我国刑法分则中的典型“口袋罪”，而2013年最高人民法院、最高人民检察院发布的《关于办理利用信息网络实施诽谤等刑事案件适用法律若干问题的解释》中却将不法网络公关行为纳入了非法经营罪的处罚“口袋”中。笔者认为，应严格把握相关网络不法行为的内涵，确保罪名范畴的明确性，强化罪刑法定原则的指导。另一方面，应严格划分传统犯罪异化而来的网络犯罪的处罚界限及程度。由传统犯罪异化而来的如网络诈骗、网络赌博、网络诽谤、网络寻衅滋事等行为，本身即在刑法中早有规定，且长期以来均以罪责刑法理论为处罚依据，只是由于其发生空间变为网络空间，其行为才具备了网络犯罪的风险属性。对于这类犯罪，应更为慎重地确立其处罚界限，以罪刑法定原则为根据，防止处罚范围的不当扩张，避免其与现行刑法典中的已有规范相冲突。

（二）健全网络犯罪前置行政法律法规

风险刑法的规制需要以完善的前置性行政法律法规为规制基础，在明确“可为”的界限的前提下，再对严重“不可为”的行为进行刑事处罚。具体来说，在网络空间主权及安全战略方面，应对《网络安全法》与《国家安全法》中有关网络安全及主权的内容进行衔接解释，明确在网络空间中危害国家主权的行为的法律后果，并确定其与刑法中危害国家安全类犯罪之间的联系。

在网络运行安全方面，《网络安全法》中提到了实现网络运行安全需要实行网络安全等级保护制度、网络关键设备和网络安全专用产品安全资格认证及检测制度、网络安全认证检测及风险评估制度、关键信息基础设施安全保护制度等。《网络安全法》中这些制度属于指导性规定，而具体落实任务则要通过一系列的法律法规来实现。目前，我国仅在《信息安全等级保护管理办法》中对“信息安全等级保护”作出了相应规定，且“信息安全等级保护”并不完全等同于“网络安全等级保护”。因而，我国相关部门应针对这些制度，制定具体实施细则。

在网络信息安全方面，《网络安全法》主要强调了网络运营者的责任与义务，并同时对其他组织或个人尤其是依法负有网络安全监督管理职责的部门及工作人员提出了相对应的要求。我国目前现有的《全国人大常务委员会关于加强网络信息保护的决定》中也强调了对网络信息的保护。对于网络信息保护，其他相关法律法规应在具体内容上对《网络安全法》中的规定进行细化。如明确网络运营者的具体范围及其所在行业领域，要求制定用户信息保护制度及网络信息安全投诉、举报制度等机制。

在网络安全监测预警与应急处置方面，《网络安全法》首次系统地对网络安全预警及应急的相关内容进行阐述，包括制度设计、负责部门、工作机制、工作流程、法律责任等。但对于具体内容的实施，我国尚没有相关法律法规与其衔接。落实这些内容需要专门的法律法规进行细化，如对网络安全监测预警和信息通报制度的具体内容进行规定，明确负责关键信息基础设施安全保护工作的具体部门，以及工作机制的细化设计等。

（三）加强网络空间法益的多元保护

网络犯罪中的公共法益主要包括网络公共安全和网络公共秩序。网络公共安全是指包括互联网、重要公共领域网络的不特定或多数人的生命、健康或者重大公私财产安全，包括网络犯罪所直接侵害或者间接威胁的不特定或多数人的上述安全。[1]确认存在网络公共安全这一公共法益的基本条件是行为发生在网络空间之中。网络空间是人类通过现有技术所构建

〔1〕王肃之：《网络犯罪法益的公共化与刑法回应路径探析》，载《北京邮电大学学报（社会科学版）》2017年第2期。

的独立于现实空间的虚拟领域，其具有去中心化、交互性等特征。人们在网络空间进行社会活动时，其不法行为必然会影响到网络公共安全。对此，应将网络公共安全这一公共法益纳入刑法保护范围之内。

网络公共秩序属于社会管理的重要内容，网络空间所具有的公共意义、应有的公共秩序已被普遍认可。网络公共秩序包括网络规范的有序运行以及为社会及公民提供优质网络服务的过程。目前，随着网络空间的逐步完善以及其与现实社会的深度融合，网络社会与现实社会逐渐形成了“双层社会”形态，既有交叉也有重合。这使得网络公共秩序的质量对现实社会的影响程度逐步提高。因而，网络空间中的网络不法行为在影响个人权益的同时，也会对网络公共秩序甚至是整个社会秩序产生不良影响。有鉴于此，我国《刑法修正案（九）》已对网络公共秩序的维护有所回应，即对在信息网络中编造、传播虚假的险情、灾情、警情并严重扰乱社会秩序的行为予以刑事处罚。然而，该项规定虽在一定程度上承认了网络空间的社会属性，并对一部分严重扰乱网络空间秩序的行为予以处罚，但所涉及的虚假信息的范围较窄，并不能完全应对目前我国网络空间中存在的其他问题。如网络“大V”造谣事件，由于网络传播能力强、扩散速度快、范围广等技术优势的加成，其在社会上所造成的负面影响更甚于普通造谣事件。因而，在规制涉及网络公共法益的网络犯罪时，应合理、审慎地扩大危害网络公共秩序的其他因素，并将其作为保护法益加以重视。

（四）实现网络空间法益保护早期化

1. 以网络为犯罪对象的犯罪行为

我国刑法中规定的以网络为犯罪对象的犯罪包括非法侵入计算机信息系统罪与破坏计算机信息系统罪。非法侵入行为主要表现为在未经授权或超越授权的情况下，能够避开或者突破计算机信息系统安全保护措施进入相应的计算机信息系统。目前我国《刑法》中规定的“非法侵入计算机信息系统罪”中仅规定侵入国家事务、国防建设、尖端科学技术领域的行为以存在相应行为为入罪条件，而无须危害后果存在。对于其他计算机信息系统，则要求同时获取相关数据或实现对计算机信息系统控制。实际上，在现实操作中，只要行为人确定实现了在未授权状态下避开或突破计算机信息系统安全保护机制，那么该计算机信息系统即处在数据泄露或被非法控制的巨大风险之下。并且，除国家事务、国防建设、尖端科学技术领域外，其他领域的计算机信息系统与人们的社会生活可能联系得更加紧密，如聊天平台系统、银行支付系统、网络金融证券系统等。因而，对于非法侵入计算机信息系统的行为，除三种重要领域外，其他与公民个人人身、财产、国家安全、公共安全相关的计算机信息系统也应纳入刑法保护范围。

在我国刑法规定的三种网络破坏行为中，只有当行为人实施该行为并且后果严重的，才应承担刑事责任。网络破坏行为与非法侵入行为类似，均具有即时性与强扩散性。但网络破坏行为相对于侵入行为来说其目的性更为模糊。出于维护网络安全的需要，刑法在规制部分具有风险属性的网络破坏行为时，应对其法益进行提前保护，以实现预防的目的。

2. 以网络为犯罪空间的犯罪行为

以网络为犯罪空间的犯罪行为由于其具有即时性强、扩散速度快、受众面不特定等特征，因而需要明确其内涵并将具有高风险的行为拟制为类型化的抽象危险行为，最大限度地维护网络空间的秩序。

目前我国刑法对以网络为犯罪空间的犯罪行为的处罚主要包括：一是构成非法利用信息网络罪的发布违法信息的行为；二是在信息网络中编造虚假的险情、灾情、警情所构成的编造、故意传播虚假信息罪；三是在相关司法解释中所规定的利用信息网络实施诽谤等行为所构成的诽谤罪。这些罪名对于遏制网络不法扩散行为有着积极意义，然而对一些目前网络上仍存在的危害严重的网络不法扩散行为未能顾及，其典型代表包括网络盗版行为以及网络诽谤、煽动行为。此几类行为在现实生活中可能影响有限，然而由于网络的互联性、去中心化等特征，在网络空间中却能够造成难以预计的恶劣影响。刑法对于包含了重要、机密信息内容的网络诽谤、煽动行为、侵犯大量作品信息网络传播权的网络盗版行为等应给予重视，在必要时提前介入。

（五）确立风险分配的归责模式

在规制网络犯罪时，应以风险分配为主要归责模式，即根据现实情况分配风险，以实现对超出容许的风险的控制。风险分配实际上就是对各主体在风险控制过程中所要承担的注意义务的分配。因而，应明确在不同网络行为中各主体应承担的注意义务范围及程度。在风险分配的归责模式下，可以对网络共同犯罪行为及网络服务商中立帮助行为的入罪进行再探讨。

对于网络共同犯罪行为，鉴于目前犯意模糊化与帮助犯正犯化的趋势，以原有的共犯归责模式来对其进行处理可能会导致刑法处罚缺失以及失衡的问题。因而需要对部分网络共同犯罪采用风险分配的归责模式重新认定其处罚标准。在应对有网络服务提供商参与的网络共同犯罪时，通过事前设立规范明确其具体注意义务以及衡量参与共同犯罪的义务违反程度，通过风险分配的模式确立其所应承担的刑事责任。在应对意思联络不充分的网络共同犯罪时，重新界定网络空间中共同犯罪人之间犯意联络的内容及方式。同时增加处罚片面共犯的规定，对提供帮助的片面帮助犯以其行为所违反的其应承担的风险注意义务程度来处罚。但是，如果在网络共同犯罪中，帮助行为对犯罪结果的影响程度远远超过了实行犯，则可以将此类帮助行为拟制为类型化的行为，对其进行单独处罚，而不再以共同犯罪中的帮助犯论处，如网络不法传播行为。

而对于网络服务商的中立帮助行为，应将风险分配作为其主要归责模式，从而为网络服务提供商在不履行其义务时需要对他人的网络不法行为承担责任的情况提供合理的法理依据。以“拒不履行信息网络安全管理义务罪”为例，采用罪责刑法中的因果归责模式来认定的话，行为人承担刑事责任的归责基础应是其所实施的行为与所造成的危害后果之间具有因果关联。然而，该罪名中规定的“违法信息”的发布者以及传播者均不必然是网络服务提供商，那么网络服务提供商在该罪中实际上可能会对放任他人的违法行为所造成的后果承担刑事责任。这样就突破了原有归责模式的约束。而基于风险分配的归责模式，网络服务提供商是否具备风险注意义务以及其行为是否违反注意义务就成为其归责的重要条件，而不再考虑网络服务提供商的主观故意内容以及其与危害后果之间的因果关联。若是相应事前规范设定了网络服务提供商的注意义务，同时网络服务提供商违反了该注意义务，那么此违反行为所造成的后果即可在部分程度上归责于网络服务提供商本身。

风险社会下刑事立法政策的调整

单　佳*

自党中央提出坚持底线思维着力防范化解重大风险的要求，一时间“风险”一词在各行各领域被重点解读，“风险社会”理论全面进入大众视野。“风险社会”（risk society）一词，最早由乌尔里希·贝克提出。“在风险社会中，未知的、意图之外的后果成了历史和社会的主宰力量。”〔1〕风险社会的内核就是一种人为的不确定性：风险正是在人们努力建设的工业社会和现代化进程中形成的，并在全球化的过程中将风险蔓延到了全世界。在这个意义上，风险社会是一个世界风险社会。〔2〕

风险社会与工业社会的主要不同在于分配逻辑不一样。以工业革命为基础的阶级社会的发展动力与“平等”理念联系在一起，而以风险分配为基础的风险社会对应的规范蓝图则是“安全”，这也是风险社会的基础和动力之所在。“不安全”社会的价值体系取代了“不平等”社会的价值体系。根本而言，在风险社会中，人们不再专注于获取“好”，而是极力

---

* 单佳，上海财经大学法学院博士研究生，烟台大学文经学院副教授。

〔1〕［德］乌尔里希·贝克：《风险社会：新的现代性之路》，张文杰、何博闻译，译林出版社2018年版，第8页。

〔2〕［德］乌尔里希·贝克：《风险社会：新的现代性之路》，张文杰、何博闻译，译林出版社2018年版，第9页。

避免最坏。[1]在风险社会中，社会运动的内驱力可以归结为：我害怕！一种全社会共同的焦虑取代了共同需求，对安全感的强烈需求将人们逐渐团结在一起并形成了一股社会力量，这种力量对社会管理提出了新要求。

改革开放40余年来，我国的社会财富得到了一定的积累。基于一种本能，人们仍然保持着对于财富的孜孜不倦的追求，但同时也提高了对自己所处的生活环境的要求，安全需求上升。作为一个受益于全球化过程的大国，我国也已经出现了风险社会的基本特征。当下我国社会治理的一大目标就是要创造和平稳定安全的发展环境。作为社会治理最强有力手段的刑事政策，在面临风险社会的挑战时，也需要根据我国犯罪形势的特点和社会需求作出相应调整，以继续有效担当保障使命。

一、风险社会下我国犯罪形势的新特点和社会新需求

快速的经济增长、乐观进取的态度、对未来强劲的信念、敢于前进的意愿、较为活跃的阶层流动性、城市化的超快速发展、基础设施建设的大踏步前进、工业科技的崛起……这些现象体现了社会发展的活力，同时也不排除高速运行的社会机制下隐藏的个别不法手段。

1. 犯罪类型和犯罪趋势向隐蔽性、涉众型、网络化方向发展，防范需求增加

社会学家费孝通先生在《乡土中国》中，曾谈到中国人的传统关系网。他指出，血缘和地缘是中国传统社群的原始状态。血缘是靠生育来维持，其特点是稳定；地缘则依托地理上的临接，人们圈地为盟，共同生活，拥有“故土”和“乡亲”。但无论是血缘还是地缘，都存在稳定性、确定性和鲜明的层次感。传统的人际关系便像是投石入水的涟漪，一圈圈

〔1〕［德］乌尔里希·贝克：《世界风险社会》，吴英姿、孙淑敏译，南京大学出版社2004年版，第5页。

扩展，越近越密，越远越疏，形成差序格局。[1]在这种格局中，人们身处熟人社会，相互之间的联系以直接的面对面交往为主，社会关系稳定且直观。然而，随着数字技术的出现，人们对血缘、地缘的依赖性受到了极大地冲击。数字技术具有跨越物理空间的特性，很大程度上弥补了传统社交所不及。人们的交往不再拘泥于血缘、地缘，而是以个人为原点，如射线般放射而出，将全世界的人们相连。如今的人际关系更像一张四通八达的蛛网，从一个点出发，便可寻得通往任何其他人的路径。数字技术改变了人们的生活和行为模式，这种对人与人连接方式的改造，也进一步影响到了人们的组织方式、人与人的互动模式，乃至人际关系的内核。在当下，人们的社群关系、亲密关系等，都受到了不同层面的影响。

数字技术扩展了人们的交往范围和交际能力，技术媒介越来越成为人际交往和知识获取的中介。中介的存在补偿了线下交流的高成本和低效率，但同时也折损了面对面交流的信息量。这带来的直接后果是：①几乎所有的个体都有可能成为一个媒体中心和信息源，同时也是一个新闻中继站，造成信息量空前巨大，信息内容鱼龙混杂，网络公共空间与私人空间被人为模糊了边界，犯罪信息和犯罪意图也被掩盖在海量信息的数据中，发现的难度和挖掘的可能性都更加渺茫，除非犯罪意图主动暴露。②每一个技术空间中的个体都代表着一个网络，技术风险的存在使得犯罪行为一旦在技术空间实施，波及的群体和造成的损失都是传统犯罪难以匹敌的。这突出地表现为互联网犯罪的主体范围扩大和受害者群体的广泛性，甚至可能出现当事人在不明就里的情况下参与了犯罪或成为被害人。③海量的信息源、发布者、发布路径以及随时推陈出新的信息内容和勾连手段让数字终端受众无所适从，实际上加重了信息不对称，增加了受众辨别真伪的难度，也给互联网监管带来了新的挑战。近年来频现的电信诈骗、互联网

〔1〕 费孝通：《乡土中国》，生活·读书·新知三联书店2013年版，第20页。

诈骗、电子货币诈骗、网络医疗诈骗、未成年人及特殊群体不良视频、个人信息泄露等一些游离在罪与非罪、法与不法之间的模糊行为，已经严重影响社会稳定和人民生活，识别和防范已经成为数字终端受众的基本需求。

具有隐蔽型特征的网络刑事犯罪、伪基站、骚扰软件、侵犯公民个人信息和黑客攻击破坏等针对特定网络违法犯罪，犯罪手法不断翻新；各类打着“舆论监督”“法制监督”“社会监督”等旗号在网上从事违法犯罪活动的“网络水军”团伙，与不法网站和媒体内部人员相互勾结，利用微博、微信公众号等以及境内外自建网站和通信群组，频繁组织实施大规模有偿发帖、删帖、投票，甚至敲诈勒索、侮辱诽谤等活动显示其隐蔽性、破坏力、广泛性都远非传统犯罪可及；非法集资等涉众型经济犯罪的蔓延传播速度非常快，一些新兴经济领域如网络借贷、投资理财、养老服务、消费返利、虚拟货币、金融互助等，已成为涉众型经济犯罪的易发领域，为攫取暴利，不法分子的犯罪手段不断升级，诱惑性、欺骗性、迷惑性很强。

2. 不稳定因素增多，社会风险增大，预测需求提高

随着我国改革开放和社会转型、经济和产业结构调整，社会不稳定因素也逐渐增多，防范和化解重大风险的需求一直存在。宏观来看，社会不稳定因素主要存在以下几个领域：

城镇化进程。城镇化是农业人口转变成非农业人口、农业地域转变成非农业地域、农业活动转变成非农业活动的过程，这一过程是一个“产业、人口、土地、社会、农村”五位一体的互动过程，也是一个渐进的历史过程。2018 年年末，中国大陆总人口 139538 万人，其中城镇常住人口 83137 万人，占总人口比重（常住人口城镇化率）为 59.58%。[1]这意味着中国城镇人口已经超过了农村人口，城镇化进程逐步推进。截至 2018 年年底，全国农民工总量 28836 万人，比上年增长 0.6%。其中，外出农

[1] 参见国家统计局：《2018 年国民经济和社会发展统计公报》，2019 年 2 月 28 日发布。

民工 17266 万人，本地农民工 11570 万人。农村居民人均可支配收入中，工资性收入占 41.0%。[1]这些都是工业化过程中必须面临的社会、经济和政治系统的挑战。

新兴科技和新兴行业领域。面对新技术带来的诱惑，人类是否有足够的理智控制自己的欲望？人工智能、基因编辑、医疗诊断、自动驾驶、无人机、服务机器人等领域，科技发展带给人们便利生活的同时也带来了各种风险，使得新技术本身变成了一个不稳定因素。党的十八大以来，电子商务、数据消费、现代供应链、互联网金融等新技术新模式日新月异，服务业成为创新创业的热点，利用行业特点衍生新的犯罪模式不断增多。2018 年至 2020 年第一季度，全国公安机关共立非法集资、传销等涉众型经济犯罪案件近 1.9 万起，涉案金额 4100 亿元，涉案金额超过百亿元、涉及投资者超过百万人的“双百案件”屡有发生。摧毁重大跨区域犯罪网络 200 余个，依法查办涉嫌非法集资犯罪 P2P 网贷平台 400 余个。[2]新兴行业和领域带来前所未有的新风险，在目前的科技发展程度下，人们无法充分预测可能出现的影响。

互联网领域。传统犯罪借助互联网产生了不同于以往的破坏力量。部分吸毒人员在网上聚集交流吸毒体会、相约集体进行吸毒活动、引诱发展新吸毒人员。部分制贩毒分子通过互联网发布毒品及其他涉毒物品销售信息、交流制毒技术、联络实施毒品犯罪。毒品滥用不仅给吸毒者本人及其家庭带来严重危害，也诱发盗抢骗等一系列违法犯罪活动。长期滥用合成毒品还极易导致精神性疾病，由此引发自伤自残、暴力伤害他人、“毒驾”等肇事肇祸案事件在各地时有发生，给公共安全带来风险隐患。[3]

---

〔1〕 参见国家统计局：《2018 年国民经济和社会发展统计公报》，2019 年 2 月 28 日发布。

〔2〕 《重拳打击非法集资等涉众型经济犯罪》，载公安部网站，http：//www.mps.gov.cn/n2253534/n2253535/c6497032/content.html，最后访问时间：2020 年 12 月 20 日。

〔3〕 《〈关于加强互联网禁毒工作的意见〉解读》，载公安部网站，http：//www.mps.gov.cn/n6557563/c4925684/content.html，最后访问时间：2022 年 12 月 11 日。

食品药品犯罪与互联网有了交集。互联网食品犯罪隐蔽性强、欺骗性强、扩散性快、社会危害大；食品安全犯罪形势依然复杂严峻，并且呈现新老问题交织、网上网下交织、境内境外交织、多种犯罪手法交织等新情况、新特点。[1]另有互联网赌博、互联网传销、互联网危险物品发布、制作、传播、买卖等犯罪领域的“互联网+”，伴随着真假难辨的海量信息，无时无刻不让身处网络的普通民众心惊胆战，对网络信息的可预测性和确定性需求增强。

3. 发展环境面临巨大挑战，安全需求是首要需求

中国对外投资和建设的影响力正在逐步扩大，全球化势不可挡。与此同时，无论外部环境是否顺利，我国国内近几年都面临着新一轮经济结构调整的巨大压力。供给侧结构性改革、财税体制改革、融资成本提升、金融市场异常波动、产业升级转换等一系列经济发展问题并存，由此带来的社会风险不可小觑。国际外部环境也非风平浪静，但越是在国内外面临复杂严峻的形势下，我们对国内安全稳定的需求就越高。

二、风险社会下我国刑事立法政策的变化趋势

刑事立法政策，体现了立法者对特定社会背景和发展阶段的认识，反映了立法者对刑法价值的选择和应用技巧。1997 年《刑法》实施以来，我国社会经历了巨大的变迁，外部环境和内部发展都呈现出剧烈变动的过程，社会治理的综合性和精细化要求也不断提高。伴随着改革开放和工业化、现代化的进程，我国社会也具备了风险社会的基本特征。20 多年来，我国的刑事立法政策一直处于变动调整之中，宏观上的趋势体现在以下几个方面：

---

〔1〕《公安部召开新闻发布会就打击危害食品安全犯罪工作情况答记者问》，载公安部网站，http：//www.mps.gov.cn/n6557563/c6552817/content.html。

1. 立法模式的变化：回应型立法增多

安定性是法律的重要特征之一，尤其是刑事法这种对人民的基本权利和行为模式有重大影响和引领作用的法律，更应当保持相当的稳定性，以充分实现罪刑法定原则。刑法本身具有最后手段性的特征，在法律体系中具有惩罚终局性，一直以来承担着最后保护法的任务和辅助性、消极性角色。但刑法在现代社会中的角色作用发生了变化，其积极的社会防卫机能增大，扩张趋势明显。这种扩张一方面是为了不断适应在我国改革开放以来经济社会领域的巨大变革背景下，社会发展的新情况和新问题；另一方面则是为了实现对广大人民日益增长的安全需求的回应。

这种回应型立法表现为为了满足社会期待而不断修改完善刑事法律，刑事法律的内涵和范围不断扩张，显示出国家对相关风险的关注和抗衡。以我国刑事法律的演变为例，我国的回应型立法主要体现在以下几个方面：一是通过刑法修正案增加新罪名、扩张罪质和刑罚适用范围。自 1997 年《刑法》颁布以来，我国刑事立法通过十个修正案，将颁布之时的 413 个罪名增加至目前的 469 个。其中典型的如危险驾驶罪、侵犯公民个人信息罪、一系列新增的恐怖犯罪等，都是在呼应社会对醉酒等危险驾驶行为、公民个人信息泄露等行为加强治理和打击的强烈需求；与 1997 年《刑法》相比，现阶段我国刑法中的盗窃罪、抢劫罪、敲诈勒索罪、寻衅滋事罪、强迫交易罪、生产销售不符合食品安全标准的食品罪、集资诈骗罪、非法吸收公众存款罪等具体罪名，还有一些与网络犯罪、环境犯罪有关的罪名的犯罪构成，已经改变了该罪名最初设立时的一般条件；还有为呼应严厉打击贪污贿赂犯罪、黑社会性质组织犯罪等的需求而采取的限制缓刑、减刑、假释以及特别的刑事诉讼程序等。

二是通过司法解释加强刑法对特定犯罪的适用性和司法机关应用法律的同一性，并对“民意”作出及时反应。刑法及修正案的立法过程较为漫长，而司法解释的内容是对于现实生活中发生的具体案件，应当以及如何适用刑法的相关规定。近几年，部分司法解释旨在发挥刑事政策的作用，《关于办理利用信息网络实施诽谤等刑事案件适用法律若干问题的解释》《关于办理环境污染刑事案件适用法律若干问题的解释》《关于审理拒不支付劳动报酬刑事案件适用法律若干问题的解释》《关于办理操纵证券、期货市场刑事案件适用法律若干问题的解释》《关于办理非法从事资金支付结算业务、非法买卖外汇刑事案件适用法律若干问题的解释》《关于涉以压缩气体为动力的枪支、气枪铅弹刑事案件定罪量刑问题的批复》一系列解释规范文件，实际上是在及时回应民众对相关犯罪加强治理的需求。还有一些司法解释是为了实现一般预防而制定，比如《关于审理编造、故意传播虚假恐怖信息刑事案件适用法律若干问题的解释》，这部分内容旨在落实国家的反恐政策，也是一种宣传和告诫，其预防效果大于实践应用效果，是刑事政策刑法化的典型表现。

三是通过发布指导性案例和相关司法文件，引导法律适用，表明国家立场。自2012年1月1日至2017年7月12日，共有531件案件参照指导性案例，其中，民事案件489件，行政案件35件，刑事案件7件。[1]《最高人民法院关于审理非法集资刑事案件具体应用法律若干问题的解释》等直接明示了国家司法机关在相关犯罪治理领域的立场和具体做法。从2012年起，最高人民法院已经发布多个指导案例涉及包括开设赌场、破坏计算机信息系统、非法经营、故意伤害（正当防卫）、假冒注册商标、拒不执行判决裁定、危险驾驶、拒不支付劳动报酬、盗窃、诈骗、抢劫、非法买卖储存危险物质、故意杀人、贪污、受贿等犯罪在内的关于犯罪认定和刑罚适用等问题。从性质上看，这些指导性案例和司法文件并不是正式立法，其法律效力也远比不上刑法、刑法修正案及相关司法解释，更多地发挥了政策的

---

〔1〕《指导性案例适用情况分析报告》，载最高人民法院网，http：//www.court.gov.cn/fabu-xiangqing-88832.html，最后访问时间：2018年3月29日。

引导作用，宣示了一种国家态度。在效果路径上，一是通过舆论宣传，实现政策的传播和接收，达到一般预防的效果；二是通过司法体系内部将政策精神贯彻到底，在具体个案办理过程中符合国家预期地适用法律，实现特殊预防。

2. 立法内容的变化：从严苛应对到刑罚个别化

面对犯罪行为，犯罪控制的手段可以是正式的社会控制，也可以采取非正式的社会控制。在我国，正式的社会控制一般是通过法律手段来实现的。这其中既包括刑事类法律，也包括非刑事类法律。刑事类法律的犯罪控制中，刑事诉讼和刑罚是最为直观的表现。根据白建军教授的定量分析结论，截至 2004 年，我国总体上对犯罪问题反应“择重”，历史发展时序上表现“趋重”，对悖德性较弱的犯罪评价相对“偏重”。从立场分析的角度看，这意味着刑事政策主体对犯罪现象的容忍度较低，或者说对犯罪问题反应激烈，立场强硬，态度坚决。面对宽宥还是苛厉的选择时，我们更多情况下选择了苛厉。〔1〕这种苛厉在刑事政策中的具体表现，可以体现为司法解释中对入罪情节的扩张、从重处罚、加重处罚等规定远远多于对免予刑事处罚、不作为犯罪处理的出罪情节的规定。刑罚手段几乎是唯一的控制手段，不同的只是在刑种和刑度上的区别。

李斯特以确定的犯罪人格为基础，提倡刑罚个别化，倡导有助于实现法益保护和社会防卫的刑罚目的的刑罚方式。“最好的社会政策就是最好的刑事政策”一语可见，李斯特的刑事政策思想可以概括为，用社会政策来消除产生犯罪的社会因素，用刑罚个别化来改造犯罪人实施犯罪的个人原因。“能矫正的罪犯应当予以矫正；不能矫正的罪犯应使其不致再危害社会。”〔2〕2011 年《刑法修正案（八）》规定了对判处管制、宣告缓刑的犯罪分子，人民法院可以根据犯罪情况禁止其从事特定活动，进入特定

〔1〕 白建军：《刑事政策的运作规律》，载《中外法学》2004 年第 5 期。

〔2〕 [德] 弗兰茨·冯·李斯特：《德国刑法教科书》，徐久生译，法律出版社 2000 年版，第 92 页。

区域、场所，接触特定的人，宣告禁止令。《刑法修正案（八）》同时还增加了对判处管制、宣告缓刑、假释的犯罪分子，依法实行社区矫正的规定。2016年，最高人民法院出台《关于办理减刑、假释案件具体应用法律的规定》，2019年5月又出台了补充规定，指出减刑、假释的适用应当贯彻宽严相济刑事政策，最大限度发挥刑罚的功能，实现刑罚的目的，并对减刑、假释的条件、对象、程序、期限、幅度、限制使用等具体内容做出要求。在刑事立法的内容上，形式和实质犯罪化不断增多，如增设危险驾驶罪、网络空间的寻衅滋事罪等；非刑罚化的措施也逐渐增加，如上述提到的安置教育、禁止令、社区矫正等；刑罚个别化的特点也逐渐突出，如减刑、假释的适用条件，累犯、再犯的特殊处遇等。

3. 立法价值取向的转变：从自由到秩序

刑事政策价值目标即自由、秩序、正义、效益以及它们之间的互动关系。〔1〕古典刑法理论以自由为最高价值，其刑事立法立足于对自由的侵犯。只有在侵犯他人自由的场合才能够实施惩罚，除非给他人的权利造成侵害，否则个体的自由不应当受到限制。刑法实际上成了为国民圈定行为边界的工具，只有个体逾越了边界而对他人的自由造成损害或者有损害的威胁时，国家刑罚权的力量才被允许介入。国家是通过对个案进行刑罚处罚的特殊预防来实现对社会整体的一般预防，罪刑相适应是实现预防效果的基本手段。到李斯特时期，虽然他提出了社会防卫的理念，但这种防卫的实现也主要是通过在执行层面上策略性地运用处遇分流的手段来实现预防效果，刑罚只是执行的手段之一。因此，在罗克辛看来，李斯特将作为体现整体社会意义之目的的、与犯罪作斗争的方法，也就是刑罚的任务，归于刑事政策，而法律的平等适用和保障个体自由免受“利维坦”干涉

---

〔1〕 严励：《刑事政策的价值目标——刑事政策的理性思辨之一》，载《法制与社会发展（双月刊）》2003年第5期。

的法治国——自由的机能则归于刑法，[1]即存在一条“李斯特鸿沟”。从中可见，即使李斯特已经提出了国家策略的预防性功能，但仍然保留了对自由权利的根本尊重，并未突破国家刑罚权的界限。

然而，随着风险社会的来临，国家的任务被提前至犯罪尚未发生时就能发现并去除或预防，从而避免更为严重的后果发生。事后惩罚被认为是防卫无效而被动补充的手段，“预防优于惩罚”的理念深入人心。随着经济社会的发展，各国公民对自身安全的忧虑空前提升，国家也通过加强立法提前介入预防而不断回应公众需求。这种立法价值的转向，在具体的立法操作上，体现为国家刑事法在犯罪论上的扩张和刑罚适用的范围扩大上。为了降低由风险造成的不安全性，大量的新罪名被创设，如预备行为的实行行为化，帮助行为正犯化，增加抽象危险犯的类型等；新的刑罚执行方式和非刑罚措施被纳入实施，如社区矫正、禁止令、针对特殊犯罪分子的限制适用缓刑、假释、减刑等；设置了针对贪腐犯罪、恐怖主义犯罪、危害国家安全犯罪等的特别刑事诉讼程序等。

从上述变化趋势可以看出，我国的刑事立法政策已经在相当程度上摆脱了被动立法的做法。尽管有些立法是为了呼应民意的“回应型立法”，但仔细分析政策内容可见，国家的主动治理趋势非常明显，超前的立法不乏少数。尽管我国的刑事立法政策仍然面临高风险社会治理的巨大挑战，但是国家已经在竭尽全力意图实现良治善治。

三、风险社会下我国刑事立法政策的调整

风险社会下我国刑事立法政策的调整应当从如下方面入手：

---

〔1〕［德］克劳斯·罗克辛：《刑事政策与刑法体系》，蔡桂生译，中国人民大学出版社 2011 年版，第 4 页。

1. 做法上：科学化的刑事立法

通过科学的刑事政策设计，可以一方面避免产生新的社会风险，另一方面减少犯罪量的增加。根据储槐植教授的观点，刑事政策对刑法具有导向与调节两大功能，其导向功能主要体现在划定打击范围、确定打击重点、设定打击程度与选定打击方式上；其调节功能则体现在其构成了刑事立法与刑事司法之间沟通的“中介”（内部调节），同时也构成了刑事法律与外部社会状况之间的调节器（外部调节）。[1]科学的刑事政策的确立，应当以严格可信的实证犯罪学为基础，重点是考察原因—行为—结果之间的因果关系和内在机制，在此基础上设定刑事政策的目标，再通过刑事政策对刑法的导向和调节功能，通过立法过程实现刑事立法。

风险社会中的刑事法规范呈现出日趋复杂化的趋势，这取决于风险社会背景下刑法机能从早先偏重于对行为主体个人自由的保障调整为行为主体必须对危险后果负责，由此产生了刑法领域诸多有关归责的疑难问题；刑法的目的也从惩罚调整为预防或威慑。在社会防卫背景下，科学化的刑事立法的可靠进路应当是类型化：对于自然犯的立法，应当在人身危险性评估的基础上，更加注重刑罚适用和保安处分的选择，能矫正的予以矫正，不能矫正的则采取措施使其不再危害社会；对于行政犯的立法，则必须考虑到具体现实，尤其必须考虑到我国的经济发展和科技进步带来的潜在风险，更加注重犯罪论的构建。持有犯、危险犯、严格责任、过失犯等在现代刑法中的大量扩张，这种转变的科学性有待商榷。

2. 立法目标上：设法控制风险并尽量公正地分配风险

法国著名刑事政策学者米海伊尔·戴尔玛斯·马蒂认为，“刑事政策，与所有其他政策一样，是以权力配置为基础的社会生活的组织形式，以决

[1] 储槐植：《刑事政策的概念、结构和功能》，载《法学研究》1993年第3期。

定财产的分配，保障各类组织的运行，并确立基本价值”。[1]风险社会中，刑法体系始终面临如何在权利保障与风险控制之间保持平衡的问题。风险社会的风险是工业社会和现代科技的伴随产物，人们用来应对风险的现代治理机制和各种治理手段，本身也会滋生新型风险。这种情况下，风险成为现代社会的一个必然产物，社会无法随意接受或拒绝风险，它就是一个客观存在。

设法控制风险，至少包括了两层含义，一是接受风险存在，承认风险的伴随性。任何一个政策的出台，或者一部新的立法，虽然意图是在规制社会实现有效的社会治理，但仍然会产生对后果的不确定性的担忧。刑事政策作为一种对社会关切的回应，实际上就是国家主动“管理”这种不确定性的切实表现。归根结底，国家的回应还是一种政治需要，只有先承认，才能想办法规制。二是设法将风险的量控制在可以接受的范围内。这考验着统治者的智慧和公民的容忍程度。作为一种相对灵活的社会治理工具，政策充当了社会本身和刑法规范之间的中介。可以使用政策的形式来试探社会的反应，感知风险的大小，最终决定是否构造刑事立法。

公正地分配风险与公正地分配财富体现了不同的分配逻辑。财富分配的逻辑是，在确定和保障公民的平等和自由的基础上，面临收入和财富不平等的现实客观情况，“在机会公平和平等的条件下职务和地位向所有人开放”[2]，即通过机会正义实现结果正义。机会正义强调机会均等，结果正义并不是分配结果实现均等，而是指结果的公正性。经济基础决定上层建筑，在财富分配的逻辑下，任何通过不公平的手段获取非正义的财富（广义上的）都应该承担相应的后果，这也是一般刑事政策的内在逻辑。风险分配则有所不同。风险分配的对象是“风险”，是一种社会成本而不

〔1〕［法］米海伊尔·戴尔玛斯·马蒂：《刑事政策的主要体系》，卢建平译，法律出版社2000年版，第26页。

〔2〕［美］罗尔斯：《正义论》，何怀宏等译，中国社会科学出版社1988年版，第84页。

是社会成果。社会风险伴随着现代化的过程而产生，一部分源自体系本身，无明确制造主体的风险应该由全社会共同承担风险责任；另一部分有明确责任主体的风险，则应当坚持以风险行为为核心进行责任分配的基本逻辑。除此之外，还应当考虑到在风险社会中，不同的主体基于其自身条件的众多差异而导致在认知和抵抗风险的能力上差距悬殊，“风险社会中基于禀赋、出身、教育与环境等差别所导致的差异最终将归结和体现为能力的差异，贫富之分、强弱不同、贵贱有别都可追溯为能力层面的差异化所致，而缩小差别的目标正是提升底层阶级、弱势群体的风险应变能力”。〔1〕因此，刑事立法政策在风险分配上，除坚持“谁生产、谁负责”的风险责任原则外，还应当考虑到风险生产者的能力大小来合理地分配责任后果。例如，基于互联网平台的各种诈骗、传销、非法集资、个人信息泄露等犯罪行为，行为实施者自然应当承担相应的犯罪后果，但互联网平台本身即网络服务提供者不履行网络安全管理义务的行为对结果的贡献力也应当予以考虑。而现实中所发生的一系列相关案件，网络服务提供者都被免除了责任，“拒不履行网络安全管理义务罪”形同虚设。

3. 指导原则上：保持刑法的谦抑性，谨慎扩张

在一个科学的刑事政策体系中，刑法干预应该具备“必要性”或“最后性”“附属性”“经济性”，体现刑法谦抑性的原则。〔2〕刑法是以犯罪已成事实以及社会资源的巨大浪费为启动前提的。根据刑法谦抑原则，我们应当尽量少地支出社会成本，最大量地获得遏制犯罪的社会效果。相反，刑事政策力求在刑法启动之前穷尽各种治理手段，把犯罪发生的概率以及对社会造成的不良影响降到最低。

不可否认，刑法客观上有规范社会秩序的功能，但是不应当将这种功

〔1〕潘斌：《风险社会的正义分配：基于差别原则的正义衡量》，载《华中科技大学学报（社会科学版）》2018年第5期。

〔2〕卢建平：《刑事政策学的基本问题》，载《法学》2004年第2期。

能无限地扩大。“最好的社会政策就是最好的刑事政策”，在规范社会秩序方面，我们有其他的部门法同时在发挥作用。风险社会中的风险的产生是基于现代化过程本身，对风险的控制和治理也远非刑事法一个部门法就能够一劳永逸地解决。刑事法的过分扩张容易造成其他部门法不扬，造成刑事法和其他部门法的“角色定位”混乱。其他部门法萎缩自然就会导致其他部门法的预防机制和预防功能匮乏，并导致社会治理过分仰仗刑法工具，长远来看，其实是对国家治理能力的一种损害。

“法律不理会琐碎之事”，而民众往往就是在现实生活中遭遇了诸多“琐碎之事”。最近几年在网络和媒体上被频繁讨论的“见危不救”“欠款不还”“高空抛物”应当入罪，以及“对拐卖妇女儿童的犯罪分子一律判处死刑”等话题，主要是民众认知不够而模糊了罪与非罪、轻罪与重罪界限的情绪宣泄。实现善治未必“言必称刑法”，充分调研社会情况，利用其他部门法律和社会规制手段，调动国家行政部门、社会团体、民间组织、公民个人的力量共同实现才是治本之道。

4. 价值选择上：维持在自由和秩序之间的平衡

刑事政策对自由的保护，即国家通过惩处和预防违法犯罪，使公民的权益免受不法侵害，保护公民的人身自由权、民主权利、财产权利和其他权利，保护公民的基本利益。刑事政策对自由的保障，即国家在预防、控制犯罪的时候不得侵犯公民的自由。[1]刑事政策的自由和秩序价值，反映在实践中，就是刑事政策的保障个人权利功能和保护社会功能。所谓的平衡，并不是指将这两大功能平均用力，等量齐观。而是应当在社会现实的基础上，根据实现善治的实际情况和需要进行适当调整。

风险社会中，一些传统犯罪或者有了新的激发原因，或者衍生了新的犯罪手段，或者造成了比以往更大的破坏后果，这对社会治理能力提出了更

〔1〕 严励：《刑事政策的价值目标——刑事政策的理性思辨之一》，载《法制与社会发展（双月刊）》2003年第5期。

大的挑战。从治理效率角度来看，预防犯罪远比惩罚犯罪的效率更高。正是在这种认识下，我国的刑事法律出现了向风险刑法或安全刑法转向的趋势，刑事政策的价值取向上也更加倾向于保护社会的秩序价值。这一转变从刑法修正案、司法解释和指导性案例的内容上可见一斑。2015 年年底制定的《反恐怖主义法》和相关专项行动更是将全面预防贯彻到了极致，刑法处罚范围扩张（直接增设罪名），刑事处罚时间提前（预备行为犯罪化），刑事处罚标准降低（入罪情节标准降低），司法行政机关权力扩大（特别侦查手段等）等充分表现了我们的政策导向已经从注重事后惩罚转向了事前预防。从政策制定者的角度，这意味着制定者更愿意维持现有秩序不被破坏，而不是恢复被破坏的秩序。

为了实现对风险的预测，我们采取了各种预防措施。与此同时，我们并没有一个衡量机制来评估这些预防措施的实际效果，犯罪的发生或者未发生与这些预防措施的内在关系，这些措施产生效果的机制，措施投入和成效之间的成本——收益关系。换句话说，我们其实是在用更多的举措来换取对不确定是否会发生的犯罪的预防。

因此，在自由价值和秩序价值之间维持一种微妙的平衡，应当以充分的社会实证研究为基础，根据社会发展情况，综合使用社会治理人、财、物的制度设计，结合社会政策和刑事政策实现善治。现有条件下，理性现实的态度是，一方面要强化刑法内部的保障机制，另一方面则应当强调基本权利对刑法预防目的的制约作用。

结语

全球化进程、数字信息科技、我国的全面深化改革等诸多变革因素让我们在风险社会的路径上越走越远，有组织犯罪、经济犯罪、互联网和计算机犯罪等不仅加剧了社会风险，而且引发额外的刑事政策和刑法的新问题。刑事政策上的预防性导向会不会将我国刑法全面带入风险刑法的领域尚未可知，但全社会对于确保安全的需求却日渐高涨。在自由和安全的关系上，如果刑法上的高度侵犯性措施为涉案公民配置适当的保护措施，并令刑法上的特定保障得以尊重，那么有效的法律解决方案并不必然导致自由权利保护的减少。〔1〕——制度的设计有各种可能性，我们期待着这种两全其美的智慧解决方案。

〔1〕［德］乌尔里希·齐白：《全球风险社会与信息社会中的刑法》，周遵友等译，中国法制出版社2012年版，第2页。

环境犯罪问题中风险刑法的体系性地位：一种多层次环境法益观

周　凌　刘晓萌*

一、问题的提出

自20世纪中期以来随着工业文明的扩张，人类在加快创造社会财富的同时对生态环境和自然资源的破坏和威胁也日益加剧，环境污染问题和其他各类破坏人类生存环境的违法活动日趋增多，一系列事件的发生引发了人们对环境问题的广泛关注，我国将保护环境纳入可持续发展战略的重要内容，并把这项任务提升到基本国策的高度。“像保护眼睛一样保护生态环境，像对待生命一样对待生态环境”以及“绿水青山就是金山银山”，这些形象的比喻体现了党和国家对于生态环境问题的高度重视，而由此形成的一系列重要论述，也为当前和今后一定时期的环境问题解决指明了着力方向。

我国现行刑法也将部分破坏环境资源的行为列为犯罪，并规定于第六章妨害社会管理秩序罪中，从行为侵害的对象类型上看，该类犯罪主

* 周凌，中南财经政法大学刑事司法学院副教授；刘晓萌，中南财经政法大学刑事司法学院硕士研究生。

要分为两类〔1〕。一类是污染环境方面的犯罪，如污染大气、污染水体、非法处置固体废弃物造成的污染环境类犯罪；另一类是破坏生态资源类犯罪，如非法猎捕、杀害珍贵、濒危野生动物、非法捕捞水产品、非法采矿、破坏性采矿、滥伐、盗伐林木等犯罪。上述法条构成我国环境刑法的核心。这些犯罪不仅可以造成公私财富遭受重大损失，公民生命、健康安全受到危害，同时还有可能带来水土流失，导致资源枯竭、生态失衡、气候变异等一系列问题，且这些危害后果会随着时间推移日益显现，造成不可估量的损失。

基于我国当前环境刑法立法司法发展与国家环境保护政策要求的落差，对环境刑法之思考必须在两个层面上展开：第一个层面是基于现有环境刑法法条的教义学考察，其意义在于厘清我国环境刑法之实然立法意图，探索在罪刑法定原则限度之内刑法作为环境保护之政策工具的效力边界。当然，最高人民法院和最高人民检察院的司法解释在司法实践中起到了重要的作用，环境刑法教义学考察也很重视司法解释。第二个层面是以国家整体环境与生态保护政策为背景的刑事政策考察，其目的在于勾画我国环境刑法之应然政策发展方向，将刑法放在与宪法、环境行政法规以及国家整体安全战略相协调的法治框架中思考刑法所应承担的责任和需要具备的政策框架。

而无论是上述两个层面的哪一层，对环境刑法保护法益的分析、考察和界定均具有基础性与决定性的作用。而以整个环境刑法体系为考察视角，我国的理论研究在法益问题上尚有几个问题并没有得到进一步明确。

---

〔1〕我国《刑法》分则第六章第六节破坏环境资源保护罪一共有9个条文。其中第338条污染环境罪条文中规定了“严重污染环境的”，第339条非法处置进口的固体废物罪、擅自进口固体废物罪、走私固体废物罪中也有“造成重大环境污染事故”的规定，因此，这几个罪在性质上应当归属于污染环境类犯罪；《刑法》第340条非法捕捞水产品罪条文中的“违反保护水产资源法规”、第341条非法猎捕、杀害珍贵濒危野生动物罪；非法收购、运输、出售珍贵濒危野生动物、珍贵、濒危野生动物制品罪中的“破坏野生动物资源”、第343条非法采矿罪、破坏性采矿罪中“造成矿产资源严重破坏的”表述，表明这几个罪名应当归属于破坏生态资源类犯罪。

第一，生态学的人类中心主义指导下的环境法益观定义需要进一步明确且不能有效地为污染环境类犯罪以外的破坏生态类犯罪提供可罚性基础。从犯罪之本质角度看，环境犯罪与刑法中其他犯罪一样，其本质都应是行为的社会危害性。当前我国学界基本就“无法益侵害就无犯罪”达成了共识。但环境犯罪不同于传统犯罪，其法益侵害具有间接性、复杂性和模糊性，导致学者对环境刑法保护法益之具体内容有多种学说，从而无法对环境犯罪的实质作出一个明确的界定和表述。考虑到不论是我国环境保护政策走向还是国际环境保护政策趋势均有扩大在这类带有纯粹生态利益领域的刑法保护势头，到底如何理解这些与人类的“生命，健康和潜在经济利益”日渐遥远的刑法保护对象背后的法益基础，显然是环境刑法理论必须回答的问题。

第二，在环境刑法领域反对法益抽象化的努力面对环境犯罪对象的复杂性、模糊性和间接性时缺乏一个具体法益内容的着力点。从犯罪构成要件分析角度看，法益之定位的不同会直接影响到环境类犯罪主客观要件的多个方面，如对环境犯罪行为构造的考察，会因对环境刑法保护法益的了解、认知不同而产生分歧：支持环境法益就是环境保护管理秩序这种观点的话，环境犯罪显然属于行为犯；而如果认为人之生命，健康及公私财物才是环境刑法之保护法益的话，则环境犯罪必然是危险犯或实害犯。同理，不同法益认定还会影响对环境犯罪责任形式（故意或过失）的认定。可以说，不厘清环境刑法保护法益问题，对环境犯罪构成要件诸核心问题的讨论就只能是无本之木。类似管理秩序说之类的被作为法益抽象化代表的学说之所以一直有其吸引力，就是因为它至少可以以具体的秩序框架为载体来表述环境犯罪社会危害性之所在。而反对抽象化的观点在否定管理秩序作为法益之后，却对环境法益的具体表现形式语焉不详，这显然是难以服人的。

第三，在关于环境刑事政策发展的思考中，面对域外一些新型环境类犯罪的设定与归责，缺乏一个有说服力的理论分析框架，不论是支持还是反对均显得缺乏说服力。面对域外学说，应是将域外设想的新犯罪概念落实于我国的特定法益，方可有效回答这一关乎环境犯罪圈扩张力度的问题。

二、一种多层次的环境法益建构思路

面对日渐遭受破坏的生态环境，刑法学界虽然基于社会价值的多元化试图对环境刑法的理论进行革新，期待找到准确的环境法益来设计可行方案从而完善环境刑法及其适用，但上述的探究结果似乎都存在一定的问题。本文在对其他学者观点批判的基础上，认为我国环境刑法法益的建构应当基于以下原则：

第一，反对法益概念的僵化与形式化表述。学界有观点表明，把法益界定为管理秩序是保护法益的抽象化，并将法益的抽象化作为目前侵害法益原则面临的危机。但笔者认为，法益概念表述的抽象性本身并无问题。环境管理秩序与人的生命权、健康权、财产权之间，真正最本质的区别，在于环境管理秩序之规范表述是形式的、割裂的、僵化的，而人类的生命权、健康权、财产权是实质的、联系的、动态的。以缺乏现实依托的权利清单或者形式化的法律文本来代替法益的实体归属作为刑事法保护之目标显然是不可取的。这一做法的实质是在犯罪的本质问题上以规范违反论代替法益侵害论，而在环境刑法层面，就是将对环境犯罪的本质的认识停留在对国家环境保护秩序（或者一种空泛的，推定的环境权）的破坏这一形式层面。黎宏教授曾总结过以规范论取代法益论的几个负面后果，而基于同样的逻辑，在环境刑法保护法益上的形式化倾向将导致如下后果：（1）在犯罪认定问题上对规范的盲从，丧失法益在限定范围方面的机能；（2）将环境刑法的“行政从属性”绝对化，使环境刑法目的之实质性追问变得没有意义；（3）导致环境保护政策逻辑本末倒置的混乱，以行政管制需要框定环境保护需要，助长行政权力的无限度扩张，最终损害刑法谦抑性的贯彻。笔者认为，上述批判正是切中了法益概念形式化的要害。

第二，法益概念的建构应以当代主流环境伦理观为依托。总体来说，环境刑法的法治发展是建立在环境法的基础之上，将环境法的基本理念作为其理论依托。通常我们认为，环境法与环境刑法的发展具有内在联系和互动性，环境刑法的发展以环境法之追求为前提。因此在实践中应当发挥环境法哲学的基础作用和风向指示功能，以此为导向推动环境刑法法益的构建。环境法律关系是基于人与自然关系之上的一种内在的社会联系，它具有不同于传统法律关系的鲜明特点，环境法作为调整“人—自然—人”关系的准则，其基础在于对人的自然本质属性与社会属性的统一认识。在此基础上的环境犯罪本身也因此具有了与传统犯罪相异的特性，这就要求环境犯罪本质的判断不能完全从传统刑法理论出发。应当将环境法律关系的特征纳入考量，并且恪守环境基础伦理的内涵，从而达至环境刑法法益的理论创新。在可持续发展的环境伦理观的导向下，当前的环境刑法法益基本就生态学的环境利益在人类中心的利益诉求之基础上达成对立统一。而这种对立统一并不以牺牲人类之利益为特征，而是将人类利益从当代现时利益延伸到代际利益的更广阔视野下加以考察，对与人类“生命、健康、财产、自由”等利益不发生直接关系的所谓“生态环境之诉求”，并不是以独立界定的“生态法益”为基础确立法益保护需要，而是将环境的可持续发展对人类未来的族群与文明之生存与发展之利益结合起来，从而形成超越当代人类现实利益的，着眼于人类作为一个历史性概念的可持续发展与繁荣之需求的“新人类中心主义”法益概念。

第三，环境法益之表述应正视并体现当代环境问题的复杂性与多层次性。环境作为人群外部的境况，是一个静态的理念集合。[1]而人类的日

〔1〕陈伟、熊波：《刑法中的生态法益：多维转型、边缘展开与范畴匡正》，载《西南政法大学学报》2018年第1期。

常活动和生态系统的运作都在环境的整体空间中完成，这就使得环境具有复杂性。环境法益作为遭受环境犯罪行为直接侵害的对象，对其解读必定离不开多维度、宽范围的有序开展，若用一个笼统的刑法法益的概念去涵盖全部环境犯罪的对象，似乎是一种对环境犯罪法益不正确的人为扩张。因此，只有在环境刑事理念、立法以及司法系统中挖掘环境法益的立足之地，解读环境法益的多维流变以及交叉视域，方能够全面解析环境法益的范围涵射。

环境法益作为人在当今文明时代的一种法治权利，发挥刑法的作用来保护它的必要性不言而喻。而刑法若要力求保障环境法益，在刑事立法层面，要求对法益作出类型化的分类、具体化的分析以及完善法益的可量化方法；在刑事司法层面，则要追求法益识别的有效性、法益度量和精细化司法的价值目标。因此巩固和加深对环境法益的本质属性研究，有利于增强环境刑事立法和环境刑事司法的合理化和科学化。

在此之前也有学者提出了环境法益的多层次性，其对环境法益多层次性的论证主要在于，第一，从环境管理层面来看，环境犯罪侵害了国家对环境的管理秩序。第二，从损害结果层面来看，环境犯罪既侵害了不特定多数人的身体健康、生命和公私财产的安全，也侵害了环境利益本身。第三，从代际关系和可持续发展层面来看，环境犯罪侵害了生态系统。〔1〕还有一种站在生态中心主义伦理观视角的观点认为，广义的环境法益侵害情形应当包括由于环境污染所导致的利益损害或威胁、无权利主体的生态损害或威胁以及行政行为导致的生态损害或威胁的情形。〔2〕笔者认为，上述讨论对于确立环境法益的多层次性理念是必要的和有益的，但是，其对于环境法益之层次性的认识与划分还停留在传统的利益主体导向视角。

---

〔1〕 苏永生：《环境犯罪的独立性和体系性建构》，载《中国地质大学学报》2018 年第 5 期。

〔2〕 唐瑭：《环境损害救济的逻辑重构——从“权利救济”到“法益救济”的嬗变》，载《法学评论》2018 年第 5 期。

而本文认为，环境法益之多层次性源自环境问题本身的复杂性，因此其层次性划分不仅仅体现在主体的多元化上，还体现在法益核心内涵的差异性以及价值取向的包容性上。

笔者认为，基于我国现行刑法中已经规定的破坏资源环境的犯罪以及学者对环境犯罪的分类研究，环境污染与生态的破坏，不仅与人类的生命、健康息息相关，还与社会、经济的发展有着密切的关系，在可持续发展环境伦理观和生态学的新人类中心主义法益论指导下，我国环境刑法的法益内容的确如诸多学者所言，应坚持多维度探索，但每一维度都应当是可实化的可持续发展利益。

在可持续发展环境伦理观的指导下，笔者认为，对我国的环境刑法法益的认识可大致在以下三个层次展开：

第一层次，基于现实危害性的直接法益，指个人或社会集合体遭受环境污染类犯罪直接威胁的，可预见且可直接计算的经济利益和安全利益，这是环境刑法法益最直接的表现形式。在工业化飞速发展，生产力水平极大提高，工业产值不断增加的过程中，工厂倾倒、排放的大量污水、废气，随意处置的废渣，使得环境遭到了严重污染。在日益重视经济发展与维持生态系统均衡前进的当今社会，依靠恣意毁坏生态环境来解决市场的发展更加剧了市场经济的成本，损害了国家的经济利益与安全利益。

第二层次，由可持续发展理念推导出的间接法益，是以风险社会概念为基础，可能因破坏物种多样性与生态系统的行为（破坏生态类犯罪）而遭受难以直接估算具体损失的社会经济可持续发展利益。任何事物都处于运动和发展的过程中，在生态系统中也一样，破坏生态环境所造成的后果也在连续不断地发展。比如在环境刑法中，会由于考虑到重金属物质造成的化学反应可能具有复杂性和潜在性特点，一定程度上阻碍生态环境破坏的弥合修补，对生态功能产生终局性损害或是对物种多样性造成的冲击，从而将预先估计或尚未造成的修复性损失计算到环境犯罪的危害结果范围之内，作为一种可持续发展利益来保障。

第三层次，则是基于法益精神化理念产生的环境法益。这部分主要是以严重无视公序良俗的方式实施的包括虐畜、污损等行为可能侵犯到的人类共同环境道德与价值。这类法益本身缺乏实体性利益基础，在不同的刑法观视野下，会带来诸如犯罪圈设定以及刑法谦抑性等问题的争议。

在此，第一层次环境法益概念是在当前环境刑法研究主流学说中得到最大范围认可的观点，虽然其视野有失狭窄，难以完整涵盖环境犯罪的全部逻辑外延，但是其内涵却已经得到了比较清晰的表述，笔者认为，乃是当前环境法益概念体系中最成熟的组成部分。而第三层次环境法益概念的建构高度依赖法益精神化，其理论基础本身在中外刑法学界就存在较大争议，其最终能否成为刑法法益在笔者看来尚无定论。

笔者在此更为关注的是第二层次的环境法益概念。理由在于：第一，其所要覆盖的破坏生态类犯罪在我国刑法体系中是已经牢固确立的罪类，只是由于其法益表述尚存在一些问题，而导致司法实务上的困难，因此，考察这类犯罪的法益既有理论上的必要，也有实务中的价值；第二，在这一层次环境法益体系中居于核心地位的是风险刑法概念，而我国对风险刑法这一新兴理论之合理性以及实用性均有较大争议，在笔者看来，甚至对其概念本身内涵外延需要进一步明确，故此有加以澄清的必要。

三、环境风险法益：由可持续发展理念推导出的间接法益

由可持续发展理念推导出的间接环境法益，是以风险社会概念为基础，可能因破坏物种多样性与生态系统的行为（破坏生态类犯罪）而遭受难以直接估算具体损失的社会经济可持续发展利益。在实践中，这类破坏生态犯罪行为似乎没有肉眼可见的社会危害性，或者其危害行为与危害结果之间因果关系难以展开。基于传统刑法责任主义的归责推导，由于无

法从这种行为中推导出对人类的财产、生命具体的侵害值，就有学者主张用生态中心主义理论来将其合理化入罪，但是，笔者认为，在探讨这一类型的环境犯罪法益时，真正应该采用的理论基础是风险社会概念，之所以将这类犯罪行为置于风险刑法范畴，是因为我们对破坏生态犯罪行为与其可能造成的结果之间因果关系链条的未知，但是可以明确的是这种行为的危害性极大，甚至可能是延时的、带有不可逆性的危害。

1. 风险刑法的引入及“风险”的界定

德国社会学家乌尔里希·贝克最先指出，工业社会由其自身系统制造的危险而很快进入“风险社会”。在风险社会背景下，我国风险刑法的概念引入是存在诸多争议的。有学者认为，无须否认的是，由于社会增加了对风险的管控需求，下面这种现实和刑法危机也随之而来：当风险演变为当代社会的一个基本特点，刑法慢慢地就变为一种规制性的管理事务。在整个风险防控体系中，刑法不再固守于报应和谴责目的而实施惩罚，现在为了控制风险转向发挥其威慑功能，可以说，威慑变为实施刑事制裁最重要的原因。[1]当今社会科技飞速发展，人们的行为方式发生了不小的变化，随之而来的潜在风险也不断增加，在对利益保护的呼吁下，一种将刑法作为防范风险手段的观念就日渐走入人们视野。但也有学者认为，依靠刑法来管控风险的美好期待不太容易转变为现实。如果将“风险刑法”理论引入自然犯，则会导致“实行行为”的扩大化，如果按照近年来流行的观点即将“风险刑法”限定在法定犯领域，同样也会出现不堪设想的后果。例如，在环境犯罪领域，刑法对环境污染的遏制效果一般不甚明显，不能将日益恶劣的环境形势归于环境法益保护的“晚期化”和“具体化”。环境治理是一个涉及多元化的问题，应当通过在传统刑法之内恪守刑法谦抑性，在刑法之外加强其他部门法的防线作用的双管齐下的办

〔1〕 程岩：《风险规制的刑法理性重构——以风险社会理论为基础》，载《中外法学》2011年第1期。

法，而不是引入“风险刑法”。〔1〕

现代化社会存在的风险是风险刑法引入的前提条件，但当前刑法学界对于风险社会中的“风险”认知仍有待进一步深入。有学者认为，处于转型关键节点的中国，除了存在风险社会通常意义上的一般风险，还有其他风险。除风险源外，中国还存在一些隐性扩大风险的因素，如人口规模、国民文化素质等。〔2〕把风险社会中的风险偷换成传统社会生活中所谓的“危险”，这是对风险社会特定语境的突破，在逻辑上有偷换概念之嫌。〔3〕例如，第一，滥用“风险社会之名”，将一些不属于风险社会所特有的风险强行纳入范围，如风险社会语境下，对恶意欠薪行为的研究；第二，恣意扩大“风险”的内涵和外延，几乎把当前社会的所有问题都纳入了风险刑法范畴，如食品安全、矿难事故、醉酒驾驶、医疗事故、信息安全事故等，从而认定风险日常化。

笔者认为，厘清风险社会中“风险”的含义，是对风险刑法理论探究的基础条件。严格来说，风险社会的“风险”并不同于我们通常理解的“危险”，将“风险”等同于“危险”是对贝克提出的风险社会中“风险”含义的误读。

“危险”侧重于说明事物潜在的一种状态，危险的发生、严重度、造成的损失程度是一种盖然性事件，具有可预见性，并且通过采取合理措施在一定时间内具有可控制性和可避免性。如《刑法》第133条之一规定的在道路上驾驶机动车追逐竞驶、在道路上醉酒驾驶机动车的行为，这种行为就存在社会评价意义上的潜在危险，但是危险形成的原因、可能造成的后果及样态我们凭借已有的经验是可以判断的并且采取措施是可以及时避

〔1〕 刘艳红：《环境犯罪刑事治理早期化之反对》，载《政治与法律》2015年第7期。

〔2〕 齐文远：《应对中国社会风险的刑事政策选择——走出刑法应对风险的误区》，载《法学论坛》2011年第4期。

〔3〕 利子平、石聚航：《我国风险刑法理论研究中的三大理论误区》，载《北京理工大学学报（社会科学版）》2013年第4期。

免的，如追逐竞驶可能会危及行人生命健康安全、醉酒驾驶可能会发生交通事故等；又如在食品安全方面，相关行为就可能会对社会不特定主体的生命、健康安全造成危险，而这种食品安全的危险可以通过行政管理措施的介入和加强监管尽可能地降低发生的概率甚至是避免危险发生。

而反观贝克的“风险社会”学说中定义的特定风险，其来源是现代化新兴科技支撑下的工业生产带来的各种类型的污染、损害及不可控危机，具有单纯“工业社会”的工业污染所不具有的一系列新特征，是一种难以推测的未来危害后果预期。这种风险被科学外衣所掩盖致其合法化，跨越国界，并且可能会给人类生存带来毁灭性后果的风险。〔1〕“风险社会”语境下的“风险”是基于人类目前已有的认知能力和经验法则，对某种行为无法作出定性评价，对行为可能造成的后果无法预见而形成的一种不同于传统刑事归责模式的新的社会危害性判断模式。如果说我们认为“危险”是一种潜在可能的状态，那么“风险”对于我们来说，则是充满了极大的不确定性的不可控状态。而正是这种不可知与不可控构成了其社会危害性的核心要素。我们也不知道某种行为会引起什么样的结果，结果是否具有可控性，风险特有而强烈的不确定性逻辑使得现存社会结构、关系变得更加复杂。而规制风险的价值正在于将危害的不可控限制在可控范围以内，从而保护人类社会的核心性利益。正如贝克认为，风险概念是一个带有现代意义的概念，是一个指明自然终结与传统终结的概念……风险概念表明人们开创了一种文明，一定意义上为那些可能会带来无法预计后果的决定配备上可预测性，从而增强对那些曾经不可控制时期的可控性，有计划地采取预防性行动和实施相应的制度化措施来克服各种负面效应。〔2〕

---

〔1〕夏勇：《“风险社会”中的“风险”辨析 刑法学研究中“风险”误区之澄清》，载《中外法学》2012年第2期。

〔2〕［德］乌尔里希·贝克：《风险社会》，何博闻译，译林出版社2004年版，第19页。

2. 环境刑法领域中潜在的风险

具体到环境刑法领域，环境风险就是现代风险的典型内容之一，其最主要的特征是潜伏性、结果发生的滞后性、不可或难以恢复性。环境遭受破坏或污染的后果通常是由长时间、反复持续的危害行为造成的。从破坏环境行为的开始到出现严重的受损结果，经常会经过数十年的时间。在某个时间发生的风险，可能会影响后续的几代人；在某个空间区域发生的风险，可能会危害到整个地球人类的生存。就拿生物入侵现象为例说明，有概念称，所谓生物入侵是指将某种生物从原生地，通过自然或人为的手段侵袭到另外一个新区域或环境内，对入侵地的生物多样性、农业种植、工业生产以及人类的生存健康发展造成经济损失或严重破坏生态环境的过程。例如，20 世纪 50 年代我国将水葫芦作为猪饲料引进并且广泛种植，后来水葫芦疯狂繁殖，造成河道的淤堵，使得通航条件受到影响，河流的生态平衡遭受了极大程度的毁坏，每年的打捞费用较高，最后因此造成经济损失；[1]但是，早在 200 多年前，澳大利亚广袤的草原上没有羊的踪迹，1997 年英国一批移民将美利奴羊引进澳大利亚，依靠得天独厚的地理条件，美利奴羊快速繁衍，使得澳大利亚成为世界上出口羊毛最多的国家，创造了丰厚的经济价值。这两个例子恰好可以用来说明，在环境领域，人类的某种行为会造成何种结果带有极大的不确定性，这种不稳定因素使得我们对环境领域将要出现的风险结果难以捉摸。

3. 风险社会视角下环境刑法第二层次的保护法益

环境风险所具有的极大不确定性使我们不得不重视，在这种背景下维护生物多样性，保持生物生态相对平衡的重要意义。1992 年联合国环发大会通过了《生物多样性公约》（以下简称《公约》）我国率先签署加入了这项公约，成为该《公约》的正式缔约国之一，《公约》明确指出，缔

---

〔1〕 周新伟等：《水葫芦有机肥对草莓产量和品质以及土壤养分的影响》，载《上海农业学报》2013 年第 3 期。

约国应充分认识到生物多样性在生态圈演化和生物圈的生命维持系统等整个过程中的关键作用，应当把对生物多样性的保护当作全人类的共同关注，各缔约国应当肩负起保护本国生物多样性的职责，采取可持久的方式使用生物资源，预测、预防和从源头上消弭造成生物多样性严重减少或丧失的原因。就地球生物圈生态平衡而言，我们都是生物圈能量转换和平衡不可缺少的一个环节，是生物圈可以正常循环的基础。一旦打破这种平衡性，对后续的社会发展会造成什么损失，基于目前已有的对环境发展的价值判断，我们并不能对损害后果进行预测和估量。

因此，我们目前应当做的就是平衡、调和各方利益，正确处理人与人之间、人与自然、人与社会的利益维系、不同时代之间利益的平衡，把建构和谐、稳定、公平的可持续发展利益作为保护的重点之一，尽力去保持目前的生态动态平衡，不再使其恶化，不去创造风险可能增加的可能性，确保社会平稳有序运行。所以，防范风险、确保安全应当成为环境刑法的显著特征，将难以直接估算的未来社会经济可持续发展利益纳入环境刑法法益的主要内容之一。

结语

粗放型的经济发展方式在经济水平不断提高的同时，也逐渐显现出发展过程中对生态环境过度损害造成的后果。我国刑法专章设置的破坏生态资源类犯罪的目的就在于规制这些现象。以风险社会概念为基础，将可能因破坏物种多样性与生态系统的行为（破坏生态类犯罪）而遭受难以直接估算具体损失的社会经济可持续发展利益设定为刑法所保护的利益，是对刑法以污染环境罪加以保护的第一层次直接环境法益的重要补充。在这一层次我们能合理解释为什么要对非法猎捕、出售珍贵、濒危野生动物等行为给予严厉的刑罚处罚。“驯养”“猎捕”“捕杀”“出售”几只国家野生动物的行为从现阶段看，造成的危害或威胁虽然尚未显现，但是在未来十年、几十年甚至是后代人类生存的时间里是否会造成危害，对于未来的社会可持续发展是否会造成重大的利益损失，我们无从得知，但是根据已有的经验判断，我们知道这种非持久的不当行为已经危及了物种多样性的平衡，通过刑法来进行特殊预防和一般预防能够避免增加风险出现的可能性，从而间接保护未来社会的可持续发展利益。

“人工智能+检察”发展的问题与建议

皇甫长城　林竹静*

当前检察领域，人工智能的应用已经从理念转变为战略，并广泛覆盖包括业务办案、领导决策、案件管理、检察服务等领域。2018 年 3 月，经最高检批复同意，智慧检务创新研究院检察大数据融合创新实验室在上海市人民检察院组建成立，重点聚焦司法体制综合配套关联大数据系统研发、基于大数据决策的证据标准、定罪要素体系研发，以及基于大数据范式的检察应用研究等，通过深度挖掘检察大数据资源，致力形成检察大数据与智慧检务技术应用的前瞻性、前沿性成果。

一、“人工智能+检察”建设的战略意义

集中在三个方面：一是提高效率。如借助电子文书技术将检察官从烦琐的纸质文书中解放出来，借助音频、视频和通信技术超越时空对检察办案的限制，让跨域办案、快速记录变成现实等，一定程度上确实可以有效缓解日益突出的人案矛盾。二是确保公正。“人工智能+检察”的相关业务办案与管理应用系统，基于“纯粹的技术理性”，通

* 皇甫长城，上海市人民检察院研究室主任；林竹静，上海市人民检察院检察员。

过将办案全过程纳入监控体系，可以有效统一司法办案标准，倒逼检察官自觉严格要求自我，严守法律底线，确保办案质量。三是提升公信。依托人工智能技术支持，检察办案业务实体认定更加精准、程序推进更加公开，工作成效更容易获得当事人的认可。

二、当前人工智能检察应用中存在的主要问题

战略意义的重大并不意味着实践推进必然顺风顺水。“人工智能+检察”目前处于相对初级的阶段，存在的一些问题更值得我们关注。

（一）理论认识上面临质疑

长远来看，我们相信“人工智能”与司法/检察的结合是大势所趋，作为新兴研究学科具有更强的生命力。但是，现阶段质疑其合理性与必要性的声音也同时存在。这些不同的认识，一方面，可以为实践推进提供必要的警示，防止走入另一个误区；但另一方面，认识的不统一一定程度上也影响和制约了推进“人工智能+检察”检察内生动力的生成和凝聚。

（二）基础保障上相对薄弱

在“人工智能+检察”应用领域，技术应用方面有待进一步提升、交叉研究相对滞后，以及由此导致的“概念炒作”等情况同样值得警惕。

首先是技术应用方面有待进一步提升。一方面，法律实务界掌握人工智能技术不够，大多没有引入相关性、回归等推断型的统计方法；另一方面，人工智能界不熟悉司法实务操作，很多技术员虽有高超的编码技术，但因其法律知识欠缺，以致其研发出的产品难以符合检察人员的预期。因此，至少在现阶段，“人工智能+检察”的发展需要足够跨界人才支持。

其次是交叉研究相对滞后。一是从理论研究看，为了支持、发展和推

动国际层面的人工智能与法领域的研究，早在1991年国际人工智能和法律协会即正式成立。[1]真正能实质性落地，在司法实践中取得应用成效并产生重大社会影响的“人工智能+司法/检察”应用成果并不多。

（三）数据治理上存在短板

目前，人工智能检察应用的基础性前提——全量优质的司法（案件）数据收集与治理尚存在相当难度。首先，数据采集方面。案件数据的采集、去噪、整理、汇总是一个复杂的系统工程。相对于审判活动来说，检察机关的司法办案活动不仅多样化，而且相对复杂。由于缺乏对“检察案件”的统一定义和标准，司法实践中出现因对检察机关“司法案件”的不同理解导致的数据偏差。例如，对于未完成的刑罚执行监督案件是否应作为“案件”输入系统；对于受理审查后没有发现严重问题，不需要提出监督意见的，是否应当作为“案件”纳入数据统计；等等，均存在争议。其次，新型数据应用方面。在整合数据的过程中，检察院的案件管理部门、一线业务部门，在共享、分析数据时，还往往以传统的文本数据作为分析研判的主要素材，大量与案件相关的音视频数据、在系统应用过程中产生的日志类信息等均未纳入共享、分析与研判的视野内，导致这一部分“休眠”数据价值无法充分发挥。最后，数据质量方面。从全国范围观察，目前我国网上裁判文书的数量并非全量数据。

三、“人工智能+检察”建设的完善路径

2018年最高人民检察院《关于深化智慧检务建设的意见》勾勒了未来智慧检务建设的宏伟蓝图，明确了构建人民检察院信息化4.0版，发展

---

〔1〕 熊明辉：《法律人工智能的前世今生》，载《中国社会科学报》2018年10月10日。

智慧检务"四梁八柱"应用生态的路径规划。接下来在"人工智能+检察"项目建设中，还需对照既存问题，重点聚焦以下方面扎实有序推进。

（一）理念认识上进一步加深

对于人工智能的检察应用，我们有必要形成这样一种客观、清晰的认识：其目的并非要取代检察官，其定位是"辅助检察"而非"替代检察"。实现人工智能辅助办案后，检察官有望从琐碎、基础、费时费力的事务性工作中解放出来，专注于办案的事实认定和法律适用等核心业务。

（二）基础保障上强化

一是加速培养"人工智能+法治"高端跨界人才。例如，在法学课程设计中融入人工智能的相关课程，开展"人工智能+法治"交叉学科教学等，确保人工智能在司法、检察领域的持续深耕。[1]二是确定相对明确的人工智能法治应用归责原则与办法。针对人工智能在法治应用中可能涉及的错案责任承担及相应的追责问题，建议可在一定区域、机构部门范围内，探索设置科学的人工智能产品致损责任分担机制。

（三）资源开发上整合

一方面，进一步完善一线检察官参与智慧检务建设全过程机制，整合检察业务专家、大数据技术研发骨干，进行逮捕、起诉证据标准及监督、定罪要素等规则梳理，构建基于大数据分析的渐进式证据标准指引与定罪要素体系建设；另一方面，要探索创新跨区域司法大数据应用工作机制，共同推进区域化乃至全国范围内的智慧法治系统集成。

---

〔1〕2019年9月17日，上海政法学院举行了人工智能法学院首届新生开学典礼，迎来了第一批"AI+LAW"专业本科生，迈出了探索培养"人工智能+法治"高端跨界人才的重要一步。参见《人工智能法学院首届新生开学典礼隆重举行》，载上海政法学院官网，http://www.shupl.edu.cn/2019/0918/c1168a55344/page.htm，最后访问时间：2019年11月27日。

（四）数据治理上完善，数据采集指标方面

在数据采集指标方面，应当尽可能地涵括现有的检察业务办案数据，同时使系统具备给新数据预留空间的功能。这样，相关业务办案系统才能真正成为办案数据全涵盖、办案流程全覆盖的检察大数据生产、存储、运用平台。数据挖掘整合方面，最大限度破除数据界别壁垒，最大限度实现数据跨界共享是强化数据挖掘整合的密钥，检察大数据充分挖掘与有效整合的范围，不应局限于检察系统内部的“原生数据”，通过其他政府机关、企事业单位、社会组织等共享获得“关联数据”也是重要目标。数据应用空间方面，应当在业务办案和业务管理方面同步深耕。如 2016 年福建省检察机关开发的“量刑建议辅助工具”就可视为公诉业务领域大数据智能量刑系统的创新探索；上海市青浦区检察院主导研发的监督信息管理平台，则是大数据在诉讼监督业务领域的创新尝试；上海市闵行区检察院的“检察官执法办案全程监控考核系统”，通过不断完善对检察官办案信息数据的全方位收集、整合与分析，将相关数据有效运用于检察官办案管理与业绩考评工作，探索实现了检察大数据与案件管理工作的有效对接。[1]

---

〔1〕 林竹静：《顶层技术架构：检察大数据》，载《检察风云》2017 年第 8 期。

网络时代集资诈骗罪犯罪对象的审视与修正

——以非法归集区块链货币行为属性认定为中心

杨　军*

一、问题的提出

集资诈骗罪的传统解释认为，“所谓集资，是指自然人或者法人为了实现某种经济目的而进行的筹集资金的行为”〔1〕，集资诈骗罪“仅限于向社会公众募集资金，不包括募集资金以外的财物”〔2〕。“资金说”构成了集资诈骗罪犯罪对象的通说，学界对此的讨论也止步于此。至于何为资金，也基本没有得到学界的过多关注。因为从集资诈骗入罪以来，各领域流通的资金主要是以货币为主，学界便自然地将资金与货币等同起来，进而认为，所谓资金即货币。而在国家垄断货币发行权的背景下，货币便等同于法定货币。

一直以来，“资金说”等同于“法定货币说”的流变逻辑基本没有受到质疑。因此，在网络时代来临的今天，学者依然以此为依据来对新兴行

---

* 杨军，复旦大学博士研究生。

〔1〕 高铭暄、马克昌主编：《刑法学》（第四版），北京大学出版社2010年版，第464页；马克昌主编：《百罪通论》（上卷），北京大学出版社2014年版，第282页。

〔2〕 张明楷：《刑法学》（第五版），法律出版社2016年版，第796页。

为的法律属性进行解释。尤其是，针对诞生于2009年并于近年来快速膨胀的区块链货币问题，有学者基于“法定货币说”提出，非法归集区块链货币不构成集资诈骗罪。其理由是，区块链货币等数字货币不是法定货币，不能被视为资金，区块链货币不能成为集资诈骗罪的犯罪对象，因此尽管对数字货币的归集可以完成融资行为并破坏金融秩序，也不宜将其认定为非法集资类犯罪。〔1〕

乍看之下，传统解释和学者分析似乎没有可供指摘之处。然而，仔细审视，我们不可避免产生一连串的疑问：其一，“资金说”和“资金说”等同于“法定货币说”的流变逻辑能否完全成立？亦即，《刑法》第192条所指集资诈骗是否真的将“资”限定在资金的范围？资金是否只能包括货币甚至是法定货币？其二，当前我国规制集资诈骗的司法实务是否完全依照“资金说”或“法定货币说”在进行处罚？亦即，当前司法实务认定集资诈骗罪犯罪对象是否仅以资金为限？

在本文看来，“资金说”“资金说”等同于“法定货币说”的流变逻辑都并非自然成立而有待商榷。尤其是，网络时代来临之后，公民的合法财产大多存于银行，并利用网络支付等新兴手段进行使用，这使得公民所支配财产从原本的货币转化为公民与银行之间的债权债务关系，普通个人在资金支付时所支付的多为银行债权，而不再是货币本身。显然，因为公民支付给集资人的对象是银行债权就认定集资诈骗罪不能成立的这种逻辑难以让人信服，何况司法机关在审判P2P爆雷的案件时也并未以此否定集资诈骗罪的成立问题。现实财产虚拟化程度的不断提高为集资诈骗罪的解释提出了一个新的课题：当公民合法持有的虚拟化财产遭受非法归集，且非法归集行为已经对公私财产、金融秩序造成严重破坏之时，现有的刑法体系要如何应对？

这些问题在非法归集区块链货币行为属性之认定中尤为突出。其一，

〔1〕王冠：《基于区块链技术ICO行为之刑法规制》，载《东方法学》2019年第3期。

要认定非法归集区块链货币的行为属性，必须重新审视集资诈骗罪的犯罪对象问题。一方面，区块链货币的非法定货币属性，与“法定货币说”之间存在明显的对立；另一方面，区块链货币发展涉嫌具有集资诈骗的“原罪”。目前，区块链货币的发展模式天然地依赖对已有区块链货币的归集，其主要方式是以较为成熟的区块链货币（多为比特币或以太坊）为募集对象并以新发行代币为回报支付手段，通过代币发行融资（ICO）的方法来实现新型区块链货币的发行和流通。有学者提出，区块链货币的 ICO 不过是“一场近似庞氏骗局的资本游戏”〔1〕。其二，区块链货币和区块链技术的发展现状让人不得不认真思考非法归集区块链货币的行为属性。毕竟，区块链货币发展迅速、规模巨大。〔2〕

基于此，本文将以非法归集区块链货币行为属性之认定为中心，重新审视网络时代集资诈骗罪的犯罪对象。

二、行刑分野中区块链货币的属性

区块链货币是建立在区块链技术基础之上的数字虚拟货币。所谓区块链，根据 2017 年 5 月发布的《中国区块链技术和产业发展论坛标准 CBD-Forum-001-2017》，是指“一种在对等网络环境下，通过透明和可信规则，构建不可伪造、不可篡改和可追溯的块链式数据结构，实现和管理事务处理的模式”。区块链技术具有去中心化、公开透明、全体参与记账的

〔1〕 张锐：《ICO：一场近似庞氏骗局的资本游戏》，载《中国财经报》2017 年 10 月 10 日。

〔2〕 例如，2019 年 6 月 18 日，互联网巨头 facebook 发布稳定币 Libra 白皮书，宣称其使命在于“建立一套简单的、无国界的货币和为数十亿人服务的金融基础设施”。参见 https：//www. jinse. com/news/blockchain/503204. html，最后访问时间：2019 年 11 月 18 日。8 月 2 日，中国人民银行召开 2019 年下半年工作电视会议，强调加快我国法定数字货币研发步伐。之后，中国人民银行有关负责人在公开场合表示正在进行数字货币系统开发，“数字人民币时代”即将到来。参见 https：//www. thepaper. cn/newsDetail_ forward_ 4225029，最后访问时间：2019 年 8 月 29 日。

技术特点，这些特点使其为以金融业为代表的现代服务业所急需〔1〕。目前，影响力最大的区块链货币为比特币和以太坊。发展早期，比特币和以太坊等区块链货币能够在多个国家的交易平台上进行交易。近年来，为了加大对区块链货币所伴随犯罪的打击和预防力度，世界各国加强了对区块链货币的监管。以我国为例，2013 年 12 月，中国人民银行等五部委发布《关于防范比特币风险的通知》（以下简称《通知》），确定比特币的法律属性为特定的虚拟商品，并要求各金融机构和支付机构不得开展与比特币相关的业务；2017 年 9 月 4 日中国人民银行等七部委发布《关于防范代币发行融资风险的公告》（以下简称《公告》），指出代币发行融资本质上是一种未经批准非法公开融资的行为。

需要指出的是，《公告》表明，代币发行融资是指通过发行一种新的区块链货币来向投资者募集比特币、以太坊等已经相对成熟、较为流行的区块链货币。本文所讨论的非法归集区块链货币也主要是此类情形。对于名为归集区块链货币，实为归集购买区块链货币的法定货币的行为，显然属于已有规范所说的以发行股票、债券、彩票、投资基金证券或其他债权凭证的方式向社会公众募集资金。例如，行为人向投资者推出某区块链货币投资项目，让投资者缴纳一定资金注册某区块链货币的网站账号，通过在该网站挖矿而获得投资收益。这种情况下，区块链货币只是行为人犯罪所利用的工具和手段而非对象，属于网络犯罪的第二个阶段，与本文所讨论的非法归集区块链货币行为不同。本文所指非法归集区块链货币是指，行为人以非法占有他人的区块链货币为目的进行的归集行为。对此行为之属性进行认定，关键在于认定区块链货币的法律属性。而要认定区块链货币的属性，需要分别从行政法律体系和刑法体系

〔1〕 有学者曾指出，运用区块链技术改造我国票据市场具有加快构建全国统一票据市场体系、提升票据市场风险防控能力、提高票据市场监管效能的必要性。任安军：《运用区块链技术改造我国票据市场的思考》，载《南方金融》2016 年第 3 期。

两个角度入手。

在行政法律体系的角度，区块链货币是一种虚拟商品。根据中国人民银行等五部委发布的《通知》，“虽然比特币被称为‘货币’，但由于其不是由货币当局发行，不具有法偿性与强制性等货币属性，并不是真正意义的货币。从性质上看，比特币应当是一种特定的虚拟商品”。基于这一规定，同样具有去中心性、匿名性等特点的其他区块链货币如以太坊等也不具有货币属性。

不过，刑法体系中并不直接存在虚拟商品的说法。根据《刑法》第91条、第92条规定，公私财产在形态上主要包括两种，一种是房屋、生活生产资料等有形财产，另一种是股份、股票、债权等无形财产。学界将前者称作财物，将后者称作财产性利益。[1]从形态上看，区块链货币是一种以电磁数据存在于网络空间中的物品，不具有其外在形态，因而难以构成有形财产。因此，区块链货币要构成刑法视野中的财产，只可能构成财产性利益。根据学界的一般观点，财产性利益应当具备无体性、客观且真实的财产价值、确定且具体的利益等。[2]从区块链货币的发展现状来看，比特币等区块链货币的取得主要有两种方式，一是自然取得，通过“挖矿”等方式从计算机系统中产生；二是继受取得，通过法定货币购买、赠与等方式取得。其中，在通过购买取得区块链货币的情况下，毫无疑问其客观、真实、确定、具体的价值和利益能够得到确证。而在“挖矿”自然取得和赠与的情形下，区块链货币是否具有价值和利益一度争议颇大。不过，从当前的法律规定和司法实务来看，这些争议已逐步消解。一方面，行政法律体系中的有关文件都确认了其价值和利益属性，其被视为虚拟商品正说明了这一点；另一方面，近年来的司法判决显示，司法机

〔1〕当然，也并非所有的无形财产都是财产性利益。按照学界的观点，财物在个别情况下也包括无体物。如电等。参见陈兴良：《虚拟财产的刑法属性及其保护路径》，载《中国法学》2017年第2期。
〔2〕李强：《财产犯中财产刑利益的界定》，载《法学》2017年第12期。

关已经开始承认部分区块链货币的财产属性，如2019年杭州互联网法院在审理首例涉比特币网络财产侵权纠纷案时表明，比特币具有财产的价值性、可支配性和稀缺性；[1]此外，比特币、以太坊等在世界范围内较广的流通能力和交易能力同样表明，二者具有财产性的价值。概言之，区块链货币在刑法体系中的属性是财产性利益。

因此，判断非法归集区块链货币能否构成集资诈骗罪的关键便在于财产性利益是否构成集资诈骗罪的犯罪对象。需要注意的是，当前的网络环境中，并非所有的区块链货币都具有比特币、以太坊在某些国家或地区的流通性，相反，当前还存在大量虚假的区块链货币。因此，在认定具体某种区块链货币能否构成财产性利益时应当具体甄别其价值，并不能将所有的区块链货币都视为财产性利益。

三、财产性利益可以构成集资诈骗罪犯罪对象

在承认区块链货币财产性利益属性的基础上，认定非法归集区块链货币行为属性的关键是财产性利益是否可以构成集资诈骗罪的犯罪对象。如前文所述，有学者基于“资金说”向“法定货币说”演变的逻辑对此作出了否定判断。对此，本文的观点是：其一，“资金说”可能构成对条文语义的限缩，但基于社会交往的现实情况考虑，这种限缩具有一定的合理性；其二，“资金说”等同于“法定货币说”的演变逻辑不尽合理，将资金理解为法定货币可能不当限缩集资诈骗罪的处罚，并可能导致罪刑失衡。反之，本文认为，财产性利益可以构成集资诈骗罪的犯罪对象。

〔1〕 邹松霖：《比特币虚拟财产属性首次被法院认定》，载《中国经济周刊》2019年第14期。

（一）财产性利益位于集资诈骗罪的文义射程之内

如学者所说，“在一般情况下，语义解释当然是应当优先考虑的”。[1]要考察财产性利益是否构成集资诈骗罪犯罪对象，首先应当从集资诈骗罪的条文语义出发。对条文语义的探析从两个方面展开。首先是条文所用词语本身的语义。按照《刑法》第192条规定，集资诈骗罪是指“以非法占有为目的，使用诈骗方法非法集资”，集资诈骗的对象为“资”。至于“资”具体是指资金还是资产乃至于资料，该条文没有做出明确的限定。《关于惩治破坏金融秩序犯罪的决定》同样没有对此作出限定。置言之，集资诈骗罪的条文本身没有对其犯罪对象做出明显限制。其次是词语在所处条文系统中的语义。所谓“借助于系统化的解释方法，从需解释的条文所处的上下文的相互关联中便可得出法律意思”[2]，可以从条文语义统一的角度判断某个词语是否包含某种意思。从刑法对“资”的使用来看，既存在“资料”的用法，如《刑法》第92条；也存在“资金”的用法，如《刑法》第156条；还存在“资产”的用法，如《刑法》第169条。易言之，刑法体系容纳了“资”的多重含义。

不过，单从《刑法》第192条来看“资”的含义是不够的，还应当注意司法解释对此做出的限定。最高人民法院2010年出台的《关于审理非法集资刑事案件具体应用法律若干问题的解释》第2条规定了11种行为构成非法吸收公众存款，11种行为的对象均为资金。该解释第4条规定，以非法占有为目的，使用诈骗方法实施第2条规定的行为。因此，从该司法解释来看，集资诈骗罪的行为方式主要是指以非法占有为目的使用诈骗方法非法吸收资金。基于此，将集资诈骗的犯罪对象限缩为“资金

〔1〕陈兴良：《判例刑法学》（上卷），中国人民大学出版社2009年版，第65页。
〔2〕［德］汉斯·海因里希·耶赛克、托马斯·魏根特：《德国刑法教科书》，徐久生译，中国法制出版社2017年版，第214页。

说”是合理的。那么，需要追问的是，“资金”是否必然是指货币甚至是法定货币呢？显然并非如此。从广义的词义看，资金是指资本、本钱和财产。因而广义的资金包括有形财产和无形财产，即财物和财产性利益。因此，从一般文义上看，财产性利益位于集资诈骗罪的文义射程之内。

（二）财产性利益符合集资诈骗罪的规范目的

显然，前文那样宽泛的解释并不符合当前社会交往的实际情况。众所周知，集资诈骗罪旨在保障金融秩序，而现代社会的金融流通显然不再包括不能便捷流通的财物。例如，现代社会不可能再有犯罪人以非法占有他人的大米为目的非法归集大米。因此，应当基于集资诈骗罪的规范目的对资金的文义进行限缩。

根据现行刑法的体系设置，集资诈骗罪位于刑法分则第三章第五节，属于破坏社会主义市场经济秩序犯罪中的金融诈骗罪，此类犯罪要保护的法益是国家金融秩序，应当在金融秩序的法益保护目的下限定集资诈骗罪的犯罪对象。毫无疑问，集资诈骗罪具有保护金融秩序的法益保护目的，其构成要件强调的集资的非法性体现了这一点。与此同时，几乎无人否认“合同诈骗罪、金融诈骗罪等从普通诈骗罪分离出来”〔1〕，是诈骗罪的一种特殊情形。按照刑法体系中同类犯罪保护法益的统一性要求，应当承认集资诈骗罪同样具有诈骗罪相同的法益保护目的，即保护公私财产不受侵犯。所谓“集资诈骗罪在设立之初就与诈骗罪有不可分割的联系，而公私财产权是诈骗罪的法益，其自然也应当是集资诈骗罪的法益”。〔2〕因此，集资诈骗罪保护的法益是双重的，即国家的金融管理秩序和公私财产权利。在根据法益保护目的确定集资诈骗罪犯罪对象时应当兼顾国家金融管理秩序和公私财产权利两个方面的内容。

〔1〕 高艳东：《诈骗罪与集资诈骗罪的规范超越：吴英案的罪与罚》，载《中外法学》2012 年第 2 期。
〔2〕 李赪：《集资诈骗罪的保护法益探析》，载《中州学刊》2015 年第 2 期。

从公私财产权利角度显然无法对资金进行进一步的限缩，因此，目的性限缩要求将资金限定为能够在金融领域进行资金融通的财物和财产性利益。能够在现代社会实现金融流通的财物主要指法定货币。因此，法定货币可以构成集资诈骗的犯罪对象。但是，在金融业尤其是银行业高度发达的今天，显然并非只有法定货币本身能够进入金融流通。从金融行业的发展历史来看，现代金融业兴起于银行业的发展，这使得金融行业与法定货币、金融秩序与货币秩序密切相连。后来，随着资金融通规模的扩大，股票、债权、期货等系列金融产品出现，“不断出现的金融创新模式模糊了不同金融机构的业务界限，银行、证券和保险三者的产品日益趋同并相互融合”。〔1〕股票秩序、债权秩序、期货秩序等都成为金融秩序中的一部分。这在我国现行刑法的罪名体系中也可以得到验证：刑法分则第三章第四节规定了破坏金融管理秩序罪，伪造货币等货币类犯罪对应保护金融秩序中的货币秩序，伪造、变造股票、公司、企业债券等犯罪对应保护金融秩序中的股票秩序、债券秩序。其中，股票、债券等金融票证均为财产性利益而非法定货币，但同样被视为侵犯金融秩序犯罪的对象。这说明对金融秩序的保护并非仅仅是对货币秩序的保护，法定货币以外的财产性利益同样是破坏金融秩序犯罪的保护对象。

更重要的是，网络时代到来之后，网络支付的高度发达让我们不需要再在生活、金融场景中以法定货币来进行流通。如前文所述，当我们使用第三方支付（银行转账或网络支付）的方式参与金融流通时，促进金融流通的媒介便不再是货币本身，而是与银行等第三方建立的债权债务关系。而在第三方支付规模快速膨胀并成为日常生活、商业交往不可分割的内容时，债权等财产性利益实际上正成为最主要的金融流通媒介。因此，在对集资诈骗罪犯罪对象进行目的性限缩时，财产性利益也具有一定的保留必要。

---

〔1〕 孔祥毅、祈敬宇：《世界金融史论纲》，中国金融出版社2017年版，第14页。

基于此，本文认为，在对集资诈骗罪犯罪对象的“资金说”进行进一步解释时，有必要将财产性利益解释在内。本文将此称作“财产性利益必要说”。

当然，在进行规范目的限缩时，一个必须注意的问题是，财产性利益多种多样，是否所有财产性利益都可能构成集资诈骗罪的犯罪对象？易言之，是否对所有财产性利益的非法归集都可能构成对金融秩序的侵害？众所周知，集资诈骗罪是典型的数额犯。即便是非法归集法定货币，也只有达到一定数额才能将其入罪。所以，前述问题便需要拆分为两个方面：其一，财产性利益的数额如何认定？尤其是，要如何认定兑换价格波动幅度颇大的区块链货币的数额。对此，本文的观点是，绝大多数可供交易的财产性利益都存在市场价格。可以非法归集时该财产性利益的市场价格为数额认定标准。即可以选择区块链货币被归集时的交易价格为标准对非法归集行为的数额进行认定。其二，是否无论被归集财产性利益的种类如何都可能构成对金融秩序的破坏？显然，非法归集一定数额的第三方支付债权会构成对金融秩序的破坏。问题在于，非法归集，如Q币以及部分非公认区块链货币等广泛流通性稍有欠缺的财产性利益能否构成对金融秩序的破坏？对此，本文的观点是，应当承认这类行为对金融秩序的破坏。原因是，金融秩序的本质是资金的合秩序融通，刑法设定数额的意义在于推定数额达到一定标准便会影响资金融通。因此，无论是Q币还是非公认区块链货币，只要非法归集行为达到一定规模，就应当以此推定其对金融秩序具有破坏性。

（三）财产性利益必要说符合刑法规范的体系性统一

需要进一步审视的是，财产性利益必要说是否会对刑法体系的内部统一造成破坏？毫无疑问，刑法体系的统一性是很重要的，因为“使‘相同’的犯罪得到相同的处理，就是正义的；否则就是非正义的”。〔1〕而通过体系解释的检验可以发现，财产性利益必要说符合刑法体系内部统一的要求。成体系地看，集资诈骗罪属于非法集资类犯罪，对其条文语义的目的性限缩有必要考虑该类罪名对犯罪对象的设定。这应当从以下两个角度展开。

其一，与所有的非法集资类犯罪比较而言，财产性利益必要说不会破坏该类罪名犯罪对象的统一。1995 年 6 月 30 日，全国人民代表大会常务委员会审议通过《关于惩治破坏金融秩序犯罪的决定》，首次规定了集资诈骗罪，对应现行《刑法》第 192 条。该文件在几次刑法修正中都得到了保留，效力一直延续到今天。2010 年 11 月和 2011 年 8 月，最高人民法院分别颁布了《关于审理非法集资刑事案件具体应用法律若干问题的解释》和《关于非法集资刑事案件性质认定问题的通知》。2014 年 3 月和 2019 年 1 月，最高人民法院、最高人民检察院和公安部共同分别出台《关于办理非法集资刑事案件适用法律若干问题的意见》和《关于办理非法集资刑事案件若干问题的意见》。根据刑法及前述司法解释可知，集资诈骗罪归属于非法集资类犯罪。该类犯罪所包括的罪名还有：非法吸收公众存款罪；擅自设立金融机构罪；欺诈发行股票、债券罪；擅自发行股票、公司、企业债券罪；组织、领导传销活动罪；非法经营罪〔2〕。可见，该类犯罪的欺诈发行股票、债券罪和擅自发行股票、公司、企业债券罪容纳了股票、债权等财产性利益，将财产性利益视为集资诈骗罪的犯罪对象不会破坏此类犯罪的统一。

其二，与非法吸收公众存款罪比较而言，财产性利益必要说不会破坏该类罪名犯罪对象的统一。非法集资类犯罪中，非法吸收公众存款罪与集资诈骗罪是最为典型也是最为相似的两个罪名，二者最大的差别在于是否

---

〔1〕 张明楷：《刑法学》（第五版），法律出版社 2016 年版，第 36 页。
〔2〕 王新：《非法吸收公众存款罪的规范适用》，载《法学》2019 年第 5 期。

存在非法占有目的。而在犯罪手段、犯罪对象上，二者都存在巨大的相似之处。因此，学界认为，二者应该在犯罪对象上保持统一。如前所述，司法解释也正沿循了这一路径。有学者正是基于此否定了区块链货币等财产性利益构成集资诈骗罪的犯罪对象，认为所谓存款只能是法定货币而不能是数字货币、虚拟货币。[1]然而需要注意的是，当法定货币以存款的方式存入银行之后，公民所拥有的“存款”并非有形的现金。相反，“个人将金钱借贷给金融机构，金融机构承担支付利息（作为借贷适用的费用）、归还本金的义务，即个人把自己享有的对金钱的所有权转变为对金融机构的存款债权”。[2]因此，只要公民的“存款”“储蓄”并不是以现金的方式存放在家中，其财产的法律属性便是一种债权，这类财产在本质上是一种财产性利益而不再是法定货币。要知道，在银行业高度发达的今天已经很少有普通人以囤积现金的方式进行储蓄，更多的情形都是将现金存入银行之中。因此，如果非法吸收公众存款罪中被害人以银行转账的方式参与融资，该罪的犯罪对象便不是法定货币，而是银行债权。在这个意义上，非法吸收公众存款罪本身便包括法定货币这类有形财产和债权这类财产性利益，由此来看，将财产性利益视为集资诈骗罪的犯罪对象没有问题。

概言之，从文义解释、目的解释、体系解释的角度出发，财产性利益可以构成集资诈骗罪的犯罪对象。基于此，本文认为，以集资诈骗的方式非法归集区块链货币可以构成集资诈骗罪。

四、修正集资诈骗罪犯罪对象的重要性

从前文来看，将财产性利益视为集资诈骗罪犯罪对象不存在解释上的

〔1〕 王冠：《基于区块链技术 ICO 行为之刑法规制》，载《东方法学》2019 年第 3 期。

〔2〕 李强：《财产犯中财产刑利益的界定》，载《法学》2017 年第 12 期。

阻碍。此外，在网络时代对集资诈骗罪的犯罪对象进行修正还具有其特别的重要性。

（一）修正集资诈骗罪犯罪对象有助于罪刑均衡

罪刑均衡是刑法最重要的原则之一，同罪同罚是其主要内容之一。根据《刑法》第192条之规定和2010年11月22日最高人民法院出台的《关于审理非法集资刑事案件具体应用法律若干问题的解释》，集资诈骗罪中个人诈骗的数额巨大是指30万元以上，处3年以上10年以下有期徒刑；数额特别巨大是指100万元以上，处10年以上有期徒刑或者无期徒刑。根据《刑法》第266条和2011年最高人民法院、最高人民检察院出台的《关于办理诈骗刑事案件具体应用法律若干问题的解释》，诈骗罪的数额巨大是指3万元至10万元以上，处3年以上10年以下有期徒刑；数额特别巨大是指50万元以上，处10年以上有期徒刑或者无期徒刑。显然，集资诈骗罪与诈骗罪之间在犯罪数额设置上存在较大不同。究其原因，是因为两个罪名的规范目的和行为方式存在差别。

例如，当犯罪人以集资诈骗的方式骗取被害人人民币50万元时，便可以认定为数额巨大，当处5年以上10年以下有期徒刑。如果犯罪人集资诈骗的对象是价值人民币50万元的区块链币时，如果将区块链币排除在集资诈骗罪犯罪对象之外，便只能对其处以诈骗罪。按照诈骗罪的量刑标准，50万元已属数额特别巨大，应当处10年以上有期徒刑或者无期徒刑。换言之，行为人集资诈骗50万元现金，会被按照集资诈骗罪处5年以上10年以下有期徒刑，而集资诈骗价值50万元的区块链币，便会依照诈骗罪而被处10年以上有期徒刑或者无期徒刑。这意味着，行为人的行为方式完全相同、非法占有的财产性利益客观价值完全相同、主观恶性完全相同，只因犯罪对象的呈现形态不同，犯罪人便将面临不同的罪名，更会由于其犯罪对象的特殊性面临较重的处罚。将区块链货币同等视为集资诈骗罪的犯罪对象有利于保持刑法体系在罪刑上的平衡和统一。

（二）修正集资诈骗罪犯罪对象适应网络时代的财产发展趋势

网络时代以来，数字化、信息化的领域逐渐从网络世界扩展到现实的日常生活之中，一是表现为现实财产的虚拟化。近年来微信支付、支付宝等移动支付方式盛行，网络支付逐步取代了过往法定货币与实物的经济往来方式，进一步提高了人们经济交往的便捷程度。便捷度提高的背后是公民财产的数字化和信息化，是网络时代公民资产的无形化和虚拟化。而随着传统金融向互联网金融快速转变，几乎在日常生活中资产无形化的同一时间，金融领域也开始依赖于无形化的资产，公民的财产逐渐开始演变为账户上的一个数字。二是表现为虚拟物品的财产化。一些无形的数字化、信息化物品正快速地从网络世界进入现实世界。从早期的Q币到广泛存在于游戏中的各种金币，从价值不菲的游戏装备到价值不菲的游戏账号，无形的虚拟产品在现实世界中也开始有了具体的财产价值。而区块链货币则在前述产品的财产性基础上更进一步，逐渐具备了货币所特有的流通属性，开始充当起等价物的角色。

现实财产的虚拟化和虚拟物品的财产化标志着网络时代虚拟世界与现实世界的不断靠近，这让我们不得不重新审视传统犯罪对犯罪对象的限定问题。尤其是，对于既侵犯金融秩序又侵犯财产权利的集资诈骗罪而言，当传统意义上的“资”伴随着网络时代的来临而发生形态上的变化时，对其犯罪对象的解释便不应该再固守于旧的财产形态。的确，在银行业尚不发达、金融产品尚有欠缺、区块链货币尚未出现的年代，将集资诈骗罪限定为资金并无不妥。但是，对公民财产的保护不应再固守于传统的解释，客观财产价值、确定且具体的利益才是判断应否受到刑法保护的更重要的标准。

如今，区块链货币在现实世界已经逐步开始承担一般等价物的功能，国家背书的数字货币已呼之欲出[1]。可以预见，随着网络时代财产虚拟化和虚拟物品财产化的不断推进，有形财产与无形财产之间、财物与财产性利益之间的转换更加便利，财产性利益的流通性将进一步提升。伴随而来的，非法归集财产性利益给金融秩序所造成的破坏将更加严重。在这种情况下，财产性利益必要说更适应网络时代的发展趋势，不仅注重对非法归集法定货币的预防，更强调对虚拟财产的保护。

---

〔1〕 2017 年，中国人民银行正式成立数字货币研究所，开启数字货币研究。2019 年 8 月 2 日中国人民银行召开 2019 年下半年工作电视会议，强调加快我国法定数字货币研发步伐。之后，中国人民银行有关负责人在公开场合表示正在进行数字货币系统开发，“数字人民币时代”即将到来。参见澎湃新闻：《数字货币是“虚拟货币”“电子钱包”？央行这样解释》，https：//www. thepaper. cn/newsDetail_ forward_ 4225029，最后访问时间：2019 年 8 月 29 日。

人工智能时代金融与技术风险的刑事司法应对

——以监管科技与智能司法的衔接及运用为视角

张泽辰*

一、问题的提出

2017年7月8日，国务院发布的《新一代人工智能发展规划》提出了“智能金融”的概念。“AI+金融”是人工智能目前最被看好的落地领域之一，人工智能在金融领域的应用场景已经有征信、大数据风险控制、智能投顾、量化投资、身份验证、智能客服等，涉及银行、证券、保险以及互联网金融等多个传统和新兴的金融领域以及关联的后台类金融市场基础设施，主要采用的方法有机器学习、自然语言处理、知识图谱、人脸识别等。我们知道，人工智能之所以能在近年来突飞猛进，主要得益于深度学习算法的成功应用和大数据所打下的坚实基础。判断人工智能技术能在哪个行业最先引起革命性的变革，除了要看这个行业对自动化、智能化的内在需求，还要看这个行业内的数据积累、流转、存储和更新是不是已经达到了深度学习算法对大数据的要求。

放眼各垂直领域，金融行业可以说是全球大数据积累最好的行业，具

---

* 张泽辰，上海市人民检察院第四检察部检察官。

备大力发展智能金融所要求的得天独厚的良好条件。[1]但是，“AI+金融”的金融属性决定了其具有很强的风险特征，主要包括：智能金融的创新可能导致金融风险的泛化和异化，从而使相同的金融风险变得更加频发、更为严重，在金融系统内外之间的传递变得更为频繁，同时衍生出新的金融风险点，进而影响整个金融系统的安全与稳定。[2]另外，“AI+金融”的技术属性将导致信息安全风险以及操作风险不断加强，给金融监管以及刑事规制带来前所未有的挑战。

而与此同时，智能司法应运而生。例如，科大讯飞已与长三角地区的高级人民法院签署了“人工智能 +法院”的战略合作协议。[3]又如，“上海刑事案件智能辅助办案系统”（206 系统），将大数据、人工智能等现代科技融入刑事诉讼办案中，具有划时代的战略意义，实现了人工智能在司法领域应用中的突破。

面对“AI+金融”所引发的新兴金融风险和衍生技术风险，如何切实发挥监管科技和智能司法的合力，有效防范与化解风险已然成为时代的新命题。只有超前研究、因势利导，才能促进人工智能生产力与司法人员创造力的有机结合，科技理性和司法理念的深度融合，共同护航司法公正、促进司法文明。本文将以金融监管科技与智能刑法运行体系的衔接及运用为视角，论述人工智能时代金融与技术风险的刑事司法应对。

二、人工智能在金融领域的实践运用

到底什么是人工智能？到目前为止，对人工智能并没有统一的界定。学界以及社会大众对人工智能的理解各有不同。在一些人眼里，只有长相

---

〔1〕 李开复、王咏刚：《人工智能》，文化发展出版社 2017 年版，第 193 页。

〔2〕 周仲飞、李敬伟：《金融科技背景下金融监管范式的转变》，载《法学研究》2018 年第 5 期。

〔3〕 左卫民：《热与冷：中国法律人工智能的再思考 》，载《环球法律评论》2019 年第 1 期。

和人一模一样，智慧水平不输于18岁男女青年的机器才叫人工智能；可在另外一些人看来，计算机能做到许多人类做不到的事情，如一秒钟完成数百亿次运算，这种远超人类的计算机就可以称为人工智能。[1]

（一）人工智能的发展与分类

事实上，在近现代历史中人类社会已经经历了三次人工智能的热潮。二十世纪五六十年代，伴随着通用电子计算机的诞生，人工智能悄然在大学实验室里崭露头角。在二十世纪的八九十年代，语音识别和人工神经网络等技术悄然兴起，人工智能进入第二个黄金时代。到了2006年，深度学习被提出，在大数据和计算能力的基础上实现大规模计算，人工智能再次有了突破性的技术进展。同时，资本市场的蓬勃发展带动着人工智能企业的商业规模快速增长，人工智能进入第三个高速发展期。

根据应用范围的不同，我们通常把人工智能分为专用、通用和超级人工智能三类，代表着人工智能从弱到强的三个不同层次。目前，我们所实现的人工智能属于专用人工智能，也就是弱人工智能，如机器学习、大数据（BD）等，以一个或多个专门的领域和功能为主。而通用及超级的强人工智能，是指机器达到与人类一样拥有进行所有工作的可能，能够自动认知和拓展，甚至具有独立自主的价值观、世界观等。目前人们正在研究尽可能多功能的弱通用人工智能，而超级人工智能目前还仅存在于文化作品中。

（二）"AI+金融"的实践应用

如前文所述，现阶段人工智能的发展主要得益于机器学习的成功应用和大数据所打下的坚实基础。判断人工智能技术能在哪个行业最先变革，除要看这个行业对自动化、智能化的内在需求外，还要看这个行业内的数

---

〔1〕 李开复、王咏刚：《人工智能》，文化发展出版社2017年版，第25页。

据积累、数据流转、数据存储和数据更新是不是达到了深度学习算法对大数据的要求。放眼各垂直领域，金融行业可以说是全球大数据积累最好的行业。银行、保险、证券等业务本来就是基于大规模数据开展的，这些行业很早就开始了自动化系统的建设，并极度重视数据本身的规范化、数据采集的自动化、数据存储的集中化、数据共享的平台化。[1]

在实践中，“AI+金融”已经成功落地多个领域，如征信业、大数据风控、智能投顾、量化交易、金融引擎、身份认证、智能客服等，笔者将从“AI+金融”在银保业、证券业以及金融基础设施这三大方面的应用分别论述：

1. 银保业的应用

银行、保险等传统金融机构对于业务开展中存在的信用风险、市场风险、运营风险等几个主要风险类型历来高度重视，投入了大量人力、物力、财力采集相关数据，制定风险模型或评分系统，采用各种方法降低风险，减少损失。而在风险防控体系中，具有深度学习和大数据基础的人工智能与人类分析员相比，有着先天的优势，可以对更为复杂的风险规律进行建模和计算。目前，银保业的金融机构已将大数据风控视为需要构建的重要核心竞争力之一。

大数据风控可以将海量用户的银行交易、网购、社交、互联网金融等各种数据进行规范化、标准化处理，转变为信用评估工具，实现从数据到信用信息的质变。基于现代金融机构自身积累的数据和互联网大数据共同构建的大数据风控体系已成为现代金融机构风控的发展方向，更多类型的海量数据正被尝试纳入个人及小微企业的信用风险评价之中。

2. 证券业的应用

现如今，资本市场已经发展到去人工化的阶段，传统交易大厅人声鼎

---

〔1〕 李开复、王咏刚：《人工智能》，文化发展出版社 2017 年版，第 192 页。

沸的历史图景已经悄然转变为网络化、电子化、自动化的数字交易模式。〔1〕资本市场的各项投资决策业务，包括证券、期货投资等，都能够直接利用自动化算法参与交易，获取高额回报。而高频交易正是这一自动交易发展趋势的最新代表。随着科技的迅速发展，目前量化算法交易已经能够与人工智能相结合，通过交易数据和行为来分析、实验和修正既有的程序，实现"自我进化"，在某种意义上已经成为一种独立的市场参与者。〔2〕

另外，资本市场的投资咨询业务也正向数字化自动计算转变。智能投顾（Robo-Advisor）就是这样一种数字化资产配置服务，可通过机器自我学习的智能算法来实现最为有效的资产配置，为证券公司及其客户提供投资策略方面的自动化建议，引导他们合理配置资产，规避金融市场风险，最大限度地提高金融资本的收益率。

3. 金融基础设施的应用

"AI+金融"在金融基础设施领域的应用也十分广泛——金融引擎、身份认证、智能客服等都占据了很大的人工智能市场份额。人工智能可为金融机构节约很多运维和人力成本：以保险公司为例，凭借多轮对话、上下文识别、用户画像等核心技术，用户可随时咨询保险相关知识，并获得专属保险产品推荐等服务，无缝对接现有系统及知识库，实现知识库单点维护，降低运维成本。另外，保险顾问机器人的应用可令保险公司省去培训客户经理的成本，企业相当于一次性拥有了数万个训练有素的客户经理，助力于保险公司降本增效。

〔1〕 肖凯：《高频交易与操纵市场》，载《交大法学》2016年第2期。

〔2〕 转引：设立在纽约的某款对冲基金就已经将资产配置的任务交给了其人工智能项"Star"，由Star分析海量数据，包括各种商品的价格变化、国际货币的表现、全世界数千种股票的最新价格等。更重要的是，Star会从其自身的选股策略中学习进化。从其表现而言，2007年和2008年，Rebellion一直大幅领先市场。甚至到2011年的四年间，Star在任何一个交易日中都从来落后于标准普尔500指数。See Scott Patterson, Dark Pools: The Rise of A. I. Trading Machines and the Looming Threat to Wall Street (New York and London: Random House, 2013), pp. 322-323.

三、人工智能背景下的新兴金融风险与衍生技术风险

“AI+金融”正在深刻影响着金融生态的变化，给金融业带来了新兴金融风险与衍生技术风险。

（一）人工智能背景下的新兴金融风险

人工智能背景下的新兴金融风险可分为两类，一类是人工智能使得原有金融业务模式发生变化，导致风险的泛化，即发生量变；而另一类是“AI+金融”催生了新的金融产品，其内涵的创新导致风险的异化，即发生质变。笔者认为，应当对这两类新兴金融风险加以分别阐述。

1. 金融风险的泛化

金融风险的泛化表现为人工智能使得相同的金融风险变得更加频发、更为严重，在金融系统内外之间的传递变得更为迅速频繁，从而可能影响整个金融系统的稳定。算法同质化、编程设计错误、对数据利用深度不够等人工智能算法模型一旦存有缺陷或者发生系统异常，很容易导致羊群效应，加剧投资行为的顺周期性，使得市场波动风险无限放大，给金融安全带来了挑战。以高频交易为例，其底层技术是算法，如果某个算法被证明优于其他算法，该算法就会被广泛使用，从而使大量的消费者和交易者对相同的产品或者服务以相同的方法作出反应，导致价格和交易量过度反应，制造一种自我实现的涨跌风险，甚至可能导致市场“闪崩”。〔1〕

2. 金融风险的异化

新型金融产品的诞生导致金融风险的异化。例如，随着区块链技术的出现，结算支付模式呈现出去中心化的趋势，这与以往的支付模式截然不同。一旦运用于支付和证券结算的无许可 DLT 不能实现结算终局性，即不

〔1〕 周仲飞、李敬伟：《金融科技背景下金融监管范式的转变》，载《法学研究》2018 年第 5 期。

能准时地在某个确定的点结算终局，只能做到盖然性终局，就意味着已经发生的支付或者证券转让都有可能因各种原因被撤销，其结果是造成支付和证券结算系统的混乱，将损失扩展至支付结算系统的其他参与者。[1]此类风险的诞生，是人类之前无法预期，也未曾应对的。这类风险一旦发生，将会影响到整个金融系统的安全和稳定。

（二）人工智能背景下的衍生技术风险

人工智能背景下金融科技业务的发展有赖于先进的算法技术和交易平台系统，而技术漏洞或算法错误则会衍生较大的技术风险，对整个金融市场产生巨大影响，从而引发新的系统性风险。另外，当人工操作失误遇上内部控制程序错误、信息系统失灵等技术风险时，二者风险也会随之叠加。

而且，“AI+金融”的数据主体已经发生了从自然人到金融消费者的角色嬗变。[2]人工智能是以大数据为基础的，在金融交易过程中不可避免地会自动收集、处理和利用海量的个人信息，这关乎每一个金融消费者的隐私权和个人信息的保护问题。金融消费者的个人信息、隐私数据的保护和安全治理是金融市场基础设施的重要组成部分，对数据的使用应当注意边界性，确保数据主体切实享有作为金融消费者的合法权益。

四、人工智能背景下监管科技的定义与实践

监管科技（RegTech）初期是指金融机构利用云计算、大数据等新兴数字技术更有效地解决监管合规问题，核查其是否符合反洗钱等监管政策、遵守相关监管制度，避免由于不满足监管合规要求而带来的巨额罚

---

〔1〕 周仲飞、李敬伟：《金融科技背景下金融监管范式的转变》，载《法学研究》2018年第5期。
〔2〕 孙南翔：《论作为消费者的数据主体及其数据保护机制》，载《政治与法律》2018年第7期。

款。[1]面对金融机构越来越多地使用科技创新解决内部合规问题，监管机构也逐步开始利用实时监控、深度学习、人工智能等解决传统监管中存在的缺陷和困难，对监管模式作出了革命性的改变，也有学者称之为科技监管（Suptech）。本文主要讨论的是后者。

（一）监管科技的定义

插上现代科技翅膀的金融，具有更强、更广和更快的破坏性，其对金融体系的冲击后果更难以预测。金融监管部门只有通过运用大数据、云计算、人工智能等现代科技，才能更好地感知金融风险态势，提升监管数据收集、整合、共享的实时性，有效发现违规操作、高风险交易等潜在问题，提升风险识别的准确性和风险防范的有效性。就这个意义而言，正是金融科技的倒逼，才使得监管科技走到了前台。[2]

（二）监管科技的优势

首先是能够防止监管俘获和静态监管。人工智能等现代科技可以将监管规则嵌入被监管机构的业务信息系统，实时或者准实时直接获得数据，自行形成对金融机构状况的看法，而非依赖于金融机构的报告，从而在事中发现存在的问题，而不是简单地事后采取监管行动。

其次是海量数据驱动，准确预测结果。通过监管科技，监管机构可以自行获得即时、整合的大量数据。监管机构获得的数据越多，人工智能就能够通过对数据的自我学习，不断提高对分析预测结果判断的准确度。

最后是解决监管不力及监管腐败。人工智能监管不需要考虑薪酬和奖励，可以依据监管规则即时、自动地对被监管者进行监管，避免由激励不足所导致的监管不力。同时，监管者与被监管者间“旋转门”的运转暗

---

〔1〕 孙国峰：《从 FinTech 到 RegTech》，载《清华金融评论》2017 年第 5 期。
〔2〕 许多奇：《金融科技的“破坏性创新”本质与监管科技新思路》，载《东方法学》2018 年第 2 期。

含着利益输送行为，是否会影响金融监管效果，时常会受到人们的质疑。[1] 在某种程度上，人工智能的运用杜绝了"旋转门"可能导致的监管腐败。

（三）监管科技的实践应用

很多国家都积极支持人工智能在监管上的实践应用。评估与投资相匹配的人工智能金融监管模式采取机器学习的方法来进行未来投资者行为预测，特别是在市场风险评估方面，这包括发现潜在的欺诈和监管部门渎职。我国可以探索将人工智能应用到金融监管的实践当中，以 RegTech 应对 FinTech。[2]

例如，以 HOMS 系统为代表的新技术是股市震荡的诱因之一。配资机构运用 HOMS 等分仓系统设立伞形账户，相当于为投资人开立了二级账户。各投资人的投资指令和平仓安排都相互独立，最终汇总至配资机构，再由配资机构统一向证券公司发出投资指令。在这种分仓安排下，证券登记结算系统中只能看到配资机构，而无法穿透至下面的终极投资者。[3]

随着时代的发展，资本市场的业务模式不断创新，违法犯罪行为以及监管套利行为将会越来越隐秘，通过运用监管科技的手段，可以对交易数据进行实时分析以及穿透识别，将监管套利的行为扼杀在摇篮之中。

五、刑事法律风险

金融生态包括金融机构、监管当局、消费者、中介机构、自律组织等方方面面的主体。"AI+金融"在改变整个金融生态的同时，也势必会引

---

〔1〕 刁超、曹宁、龚浩川：《"旋转门"影响证券监管执法吗?》，载《清华法学》2018 年第 4 期。
〔2〕 孙国峰：《从 FinTech 到 RegTech》，载《清华金融评论》2017 年第 5 期。
〔3〕 杨东：《监管科技：金融科技的监管挑战与维度构建》，载《中国社会科学》2018 年第 5 期。

发我们对金融犯罪行为认定和规制的重新思考，笔者将从法益认定和立法完善两个方面加以阐述。

（一）智能金融与法益认定

人工智能时代的到来，又免不了让人们想起“风险社会”一词。“风险社会”的概念首先由德国社会学家乌尔里希·贝克在1986年出版的《风险社会》一书中提出，引发了极大的社会关注度，“风险刑法”理论应运而生。所谓风险刑法，简单来说，“是指通过规制行为人违反规范的行为所导致的风险，以处罚危险犯的方式更加早期地、周延地保护法益，进而为实现刑罚积极的一般预防目的而形成的一种新的刑法体系”。〔1〕风险刑法对预防的强调主要还是基于立法层面而言的，立法层面对预防的强调所导致的不确定性引发了不少学者的批判，他们认为由于社会风险本身是不确定的，导致刑法所强调的预防对象、评判的行为本身并不十分确定。〔2〕

但随着人工智能的发展，法益侵害的危险程度得以被量化，笔者认为在这种情况下风险刑法理论将会变得更加周延，也就有了新的司法实践意义。在金融领域，只有那些非正常异化及泛化的风险才会破坏金融信用、损害对金融制度的信赖，只有在可能产生此种非正常风险时，刑法才可介入。因此，为了法益的明确性，可以将控制非正常性风险作为金融犯罪保护的中介法益。〔3〕人工智能通过规则学习、案例学习加之对金融模型的深度学习，能够准确量化某一类金融行为的风险，并且精确计算度量金融风险的入罪临界值。当某一类行为累积到会引起超越临界值的金融风险时，此类就属于损害该类金融犯罪法益的行为，从而需要进一步判断此类

〔1〕王拓：《风险刑法：风险社会下传统刑法的必要补充》，载《检察日报》2010年4月26日。
〔2〕孙万怀：《风险刑法的现实风险与控制》，载《法律科学》2013年第6期。
〔3〕江海洋：《金融脱实向虚背景下非法吸收公众存款罪法益的重新定位》，载《政治与法律》2019年第2期。

行为是否符合构成要件、是否构成犯罪以及是否需要处以刑罚。

（二）智能金融与立法完善

建立在传统金融生态基础上的行政监管规则、金融刑法在一定程度上已经不再适应或者无法应对智能金融。目前，部分金融行政规章已经将人工智能纳入其中——在《关于规范金融机构资产管理业务的指导意见》（以下简称《资管新规》）第23条中规定了“AI+金融”的准入门槛以及算法的备案制度：运用人工智能技术开展投资顾问业务应当取得投资顾问资质，非金融机构不得借助智能投资顾问超范围经营或者变相开展资产管理业务。金融机构应当向金融监督管理部门报备人工智能模型的主要参数以及资产配置的主要逻辑。

《资管新规》中提到了“AI+金融”的准入门槛，那么如果没有获得准入许可而擅自经营智能金融业务，刑法又将如何对其进行规制？以智能投资顾问为例，从主体和业务来看，大体可以分为三类：一是附属于金融机构的智能投资顾问平台；二是投资咨询经营者设立的咨询服务平台；三是专业的技术平台公司或者科技金融公司设立的第三方平台。上述三种平台在性质、运行和监管规则上虽然存在差异，但无论是智能投资顾问平台还是咨询服务平台，本质上所从事的要么是资产管理业务，要么是证券投资咨询业务，均需要金融监管部门的审批和具体业务牌照。笔者认为，对于借助算法系统从事资产管理业务的非金融机构，以及借助算法系统从事证券投资咨询业务的非金融机构，都应当通过完善刑事立法以及相关的司法解释将其纳入非法经营罪以及擅自设立金融机构罪的涵射范围。

另外，《资管新规》同样提到了算法的备案制度，对“AI+金融”底层技术——算法的利用应当坚持公开性、透明性和公正性的原则。但在现实中，往往会出现“算法黑箱”，因此对算法的备案就显得尤为重要。但是，《资管新规》仅笼统地提到“金融监督管理部门”，具体由哪个部门对算法进行监管仍有待细化，对于利用“算法黑箱”实施的金融犯罪又将如何规制，依然是有待解决的立法空白。

再有，近年来数字货币迅速发展，但是数字货币登记交易机构的法律性质和责任尚不明确，再加上数字货币技术的隐私保护、去中心化等特点对传统的反洗钱监管提出巨大挑战。[1]现有的反洗钱法律法规也是以中央结算为基础的，于智能金融时代而言无疑是滞后的。笔者认为，应当将数字货币交易纳入反洗钱监管，同时明确提供数字货币登记、交易等服务的中介平台的反洗钱义务。应当及时修改完善《金融机构反洗钱规定》和《金融机构大额交易和可疑交易报告管理办法》以及刑法关于洗钱罪的规定与司法解释，明确对数字货币交易机构的反洗钱义务、用户身份识别、大额交易和可疑交易报告、协助反洗钱调查以及刑事法律责任。

此外，目前有关金融消费者数据权益保护的法律制度仍不够健全，个人隐私容易被泄露，个人信息、数据保护等方面均存在重大安全隐患。随着欧盟立法《通用数据保护条例》（GDPR）的落地实施与影响力的全球化扩展，切合时代需求和中国国情的数据法律规制体系也有待完善。

六、智慧司法的实践与展望

在“AI+金融”给金融监管及刑事规制带来前所未有挑战的同时，智能司法应运而生。智能量刑、智能刑法运行体系已经相继出现。

在人工智能时代，智能量刑借助大数据与算法正在打破法律经验与人脑智力之间的技术壁垒，成为解决量刑规范化的技术尝试——根据给定资料、结合法律法规和既往案例，自动推送定罪和量刑建议。

另外，由于司法数据公开等具有得天独厚的优势，“人工智能+法律”的应用更为频繁。在法律检索、法律文件审核、法律咨询等方面，人工智

[1] 范薇、王超、谢华：《美国数字货币反洗钱监管》，载《中国金融》2017年第10期。

能催生的“法律科技”正搅动法律服务市场，其中智能刑法运作体系已走在前端。[1]我国政法系统也正在探索智能（智慧）检务、开发智能律师系统、设立智能法院和开发智能刑事办案系统。以上海检察机关为例，上海检察大数据中心的人工智能建设正在不断提速升级，为加快法治建设、促进国家治理体系和治理能力现代化提供了新技术和新动能。

结语

未来已来，“AI+金融”正在改变整个金融生态。德罗·多明戈斯在《终极算法：机器学习和人工智能如何重塑世界》中提到：“不要和人工智能对抗，要让人工智能为你服务。”我们应当发挥智能金融的最大效用，同时用好监管科技和智能司法，通过重新定位金融犯罪的法益、完善智能金融的立法，让“AI+金融”真正做到为人类服务。

〔1〕 孙道萃：《人工智能对传统刑法的挑战》，载《检察日报》2017年10月22日。

风险社会下公民个人信息保护的立法原则界定

蒋子皓*

一、个人信息概述

（一）个人信息概念

对个人信息进行定义需要先对个人信息的定义模式进行分析，目前各国和地区的法律法规总结起来对个人信息有三种定义模式：

第一种是概括式。概括式定义模式是指对于个人信息如何界定采取概括的方式，不做具体的列举。采取这种定义模式的主要有《德国资料保护法》《荷兰个人数据保护法》和 OECD 的《关于隐私保护和个人数据跨疆界流动的指导原则》，它们都把个人信息定义为“涉及个人的全部资料”，进行整体概括。

第二种是概括列举混合式，顾名思义就是既进行详细列举，又进行抽象概括。采取这种模式的主要有《加拿大个人信息保护法》，加拿大的规定首先对个人信息下一个概括的定义，即能够识别到个人的所有信息，再进行详细列举包括种族、肤色、年龄、医疗、教育等信息。

---

* 蒋子皓，上海政法学院刑法学硕士研究生。

第三种是识别型，也是最受认可的定义模式。识别型定义模式将“可识别性”作为个人信息的界定关键点〔1〕，直接用“能否定位到特定个人”作为判断标准，而个人信息本身包括姓名、性别、身高、身份证、教育、医疗、家庭等信息，只要这些信息能够直接或者间接定位到准确的个人，就属于个人信息；如果无法定位到特定个人，就不认定为个人信息，这种定义模式抓住了个人信息的界定关键点，“可识别性”也是个人信息的最重要特征。

（二）个人信息的分类

1. 一般信息与敏感信息

个人敏感信息是1980年欧洲在《资料保护公约》中首次提出的观点，其将涉及信仰、身体状况和政治观点的信息列为个人敏感信息，之后又扩大了个人敏感信息的范畴，加入工会关系等个人资料。英国、德国、瑞典等国家也根据这一规定修改了本国的法律，对个人敏感信息进行定义。总体而言，对于一般信息和敏感信息的划分没有一个固定的标准，主要是从个人的主体感受出发来判定，也会受到个体主观感受的影响。

划分个人敏感信息在一定程度上体现了这些国家对于保护公民个人信息的重视，可以据此调整法律的不同针对性规定，如对于个人一般信息不必采取过于严苛的保护，允许公司、企业进行合理收集，而对于个人敏感信息则采取严格的规制，禁止公司、企业进行非法收集。当然，对个人敏感信息的划分也要根据不同国家的具体国情来界定。

2. 直接信息与间接信息

公民的个人直接信息与个人间接信息之间的划分较为清晰。二者之间的划分标准是“能否直接识别个人”，因为“可识别性”是个人信息的本

〔1〕 杨芳：《个人信息自决权理论及其检讨——兼论个人信息保护法之保护客体》，载《比较法研究》2015年第6期。

质特征。如果某一信息能直接识别到个人，比如姓名、身份证号码和肖像照片等，这样的信息就属于个人直接信息；如果该信息不能直接识别到特定人，必须与其他信息结合才能识别，比如身高体重、学校、工作这样的信息，就属于个人间接信息。

根据各国的法律规定，都将“识别”作为最重要的界定标准，因为个人信息的实质就是能够根据信息定位到个人。例如，欧盟的判断标准将信息分为“合理识别”和“可能识别”，强调识别时要采取一切可能的手段、合理的手段，而不是孤立地看待一组信息。“可能识别”标准将那些无法识别个人的信息直接排除在外，“合理识别”则把那些识别成本巨大、需要付出过度人力物力的个人信息排除在外，这两个标准有效地提高了识别的效率，避免了无意义识别带来的不必要消耗。

3. 公开的个人信息与个人隐私信息

个人隐私信息是指公民主观意志上不愿被他人知悉的信息，包括日记、相册、信件、生活私事等，这些信息都涉及公民个人较为隐私的部分，属于隐私信息。公民享有法律上的隐私权，有权拒绝他人的窥探。而公开的个人信息是指经过公民本人的同意、许可，以合法方式收集并且以合法方式公开的信息〔1〕。允许公开的个人信息的存在有利于个人信息的合法流通，也有利于保障信息公开制度。对于公开的个人信息而言，这种公开本身是合法的，所以不再将其纳入隐私信息的保护范围，也不能简单地以公民本身的意愿为评判标准，应当允许其他人通过法律途径合法地获得这类公开的个人信息。公开的个人信息不再具有私密性，因为公民的同意自始有效，如果允许公民反悔自己的主观意愿，毫无疑问会造成秩序的不稳定，不利于维护信息公开制度。

〔1〕 张新宝：《从隐私到个人信息：利益再衡量的理论与制度安排》，载《中国法学》2015年第3期。

二、风险社会对个人信息的影响

（一）个人信息产生风险的原因

1. 个人信息价值提升

在信息技术发展以前，公民个人信息只在小范围内流通，并且缺乏变现价值，没有利益驱使所以无人进行个人信息的收集。随着智能手机、数据网络、VR技术等现代化产物的普及，个人信息的社会价值和商业价值不断上升，不仅可以用于识别主体身份，还可以根据大量信息分析出主体的商业偏好、消费趋势、投资领域等，进而采用有针对性的商业营销策略、提高主体的用户体验，并且精准做出商业决策、发展方向，可以促进公司、企业的发展〔1〕。不仅是公司、企业，政府在部分工作领域也涉及对个人信息的应用，大量的公民个人信息可以帮助政府在决策时考虑到公民的生活成本、生活需求，因此个人信息在各个方面的需求都不断增加，社会价值和商业价值得到了重视。

2. 收集信息成本低

一方面是收集行为本身所消耗的成本，在以前传统社会收集个人信息是一件成本较高、操作较困难的事，需要耗费大量时间和劳力。但进入数据时代后，互联网遍布生活、学习和工作领域，个人信息无处不在、随时产生，只要公民连接上互联网，无论是浏览网页、电子出行，还是网上购物都会产生源源不断的个人数据，汇集成个人信息，而公司、企业收集个人信息的难度就降低了，收集的成本也随之降低，使得大量收集个人信息

〔1〕 谢远扬：《信息论视角下个人信息的价值》，载《清华法学》2015年第3期。

存在可能性[1]。另一方面是法律成本，虽然违法成本是潜在的，但对信息收集具有决定性的影响。我国目前虽然设立了侵犯公民个人信息罪，但是并没有“一刀切”地禁止公司、企业收集个人信息，也没有对其设定收集的范围、方式等限制。

3. 收集手段的便捷、隐蔽

在进入数据时代以前，收集个人信息的方式不多，只能采取调查问卷、挨家走访等线下形式，这样的形式效率低、不具有隐蔽性并且被收集主体完全知情，因此信息主体是否同意被收集信息的意愿起到决定性作用。而目前数据化时代，互联网技术深入每一个领域，对信息的收集无声无息，隐蔽性极强。例如，进行浏览网页的活动，及时清理了历史记录，也无法抹去网页后台记录的浏览痕迹，这些访问的 IP 来源都会被系统忠实地记录。

4. 缺乏信息保护意识

正如上文所述，在非数据时代只有在征得信息主体同意的前提下才能对其进行数据收集，因此公民的意愿直接决定其信息的保护程度，如果公民不愿意被收集信息，只需拒绝即可，简单的拒绝可以有效地保护个人信息的安全，公民对自己的信息享有完全的掌控权。而目前数据时代的个人信息泄露严重，信息主体很难完全控制自己的信息不被泄露，如果要保护自己的信息需要付出大量的时间和精力，许多信息主体因此放弃了自己的权利。此外，信息主体也无法准确认识到大量个人信息对于公司、企业而言意味着巨大的利润空间，也无法准确判断个人信息泄露会给自身带来潜在的巨大风险[2]。

---

〔1〕 高富平：《论个人信息保护的目的——以个人信息保护法益区分为核心》，载《法商研究》2019 年第 1 期。

〔2〕 张新宝：《从隐私到个人信息：利益再衡量的理论与制度安排》，载《中国法学》2015 年第 3 期。

（二）风险社会对个人信息保护立法的要求

法律作为维护社会秩序的工具，必须随着社会的变化而及时弥补漏洞，正如罗斯克·庞德所说："法律必须是稳定的，但不可一成不变。"一成不变的法律会造成违法行为逃脱法律制裁，不利于社会的稳定和谐。风险社会是社会的发展趋势，是工业发展、科技发展带来的不可避免的后果，贝克指出："我们正生活在一个全球变迁的时期，而这也许与早先的变迁一样深远，但更广泛地被全世界所感受到。我们需要发展新的理论，来理解今天正在转变我们的社会的这些新发展。"〔1〕数据时代要求重视个人信息的价值，也要建立起相关的理论、法律对个人信息进行保护。风险社会的特别之处在于"认为的不确定性"，这一概念是由贝克提出的，他认为"瘟疫、饥荒和自然灾害等传统风险，与现代的'风险'的本质区别便在于，前者不是建立在决策基础上，或者说不是建立在关注技术经济优势和机会、仅仅把灾难视为发展的阴暗面的决策基础上"。〔2〕这体现了现代社会风险的不同之处，传统社会中的风险通常都是天灾，这种风险是无法预见也无法抗拒的，而现代社会中的风险往往是科技带来的风险，是人为的风险，这种风险充满了不确定性〔3〕，使得传统的农耕家庭合力抗拒风险的方式失去效用，此时个人在风险面前是十分渺小的，只能依靠制度、理论、法律来抵御风险社会。

建立起风险社会理论可以影响相关法律的构建，从而帮助个体抵御风险社会。风险的普遍性带来了民众的焦虑感，迫切寻求理论的指导和制度的保障，如何抵御风险成为理论的关注重点。理论将风险社会纳入体系之后，为法律特别是刑法的修正指明了方向，进而促使整个法律体

---

〔1〕［英］吉登斯：《社会学》，李康译，北京大学出版社2010年版，第92页。

〔2〕［德］乌尔里希·贝克：《再谈风险社会：理论、政治与研究计划》，载［英］芭芭拉·亚当等编著：《风险社会及其超越：社会理论的关键问题》，赵延东等译，北京出版社2005年版，第321页。

〔3〕劳东燕：《风险社会与变动中的刑法理论》，载《中外法学》2014年第1期。

系的结构产生动态化调整。

三、个人信息刑事立法的基本原则

（一）刑罚谦抑原则

首先应当遵循的基本原则是刑罚谦抑原则，谦抑原则强调对刑罚使用的限制和压缩，指立法者在控制犯罪和预防犯罪过程中应当克制对刑罚的使用，追求少用刑罚甚至不用刑罚，只有在穷尽其他非刑罚措施且达不到控制犯罪的效果时，才使用刑罚，这种刑罚的使用是充满克制的，争取以最小的支出取得最大的效益〔1〕。刑罚谦抑原则意味着面对有危害性的行为时，立法者通过法律的规定，首先采用的应当是非刑罚措施对其进行控制和惩罚，包括行政手段、民事法律手段等，当非刑罚手段达不到效果时，才能采取刑事法律手段对其进行制裁，在立法中将其规定为犯罪，处以相应的刑事处罚，辅助以刑事司法活动。谦抑原则的抑制性具体有两层含义，一个是对国家而言，国家根据刑罚谦抑原则对自己的刑罚权进行自我抑制，严格依照刑法实施刑罚权；另一个是对人民而言，抑制性是人民的武器之一，人民有权通过刑法限制国家的刑罚权，对国家行使刑罚权进行监督。虽然刑罚权是人民赋予国家的，但若毫无限制，则有可能导致国家在行使刑罚权时的越界和无节制，从而伤害人民的权益，因此有必要通过刑法对国家的刑罚权进行限制和约束。根据平野龙一的观点，刑法的谦抑性包含三层内涵：第一层是刑法的补充性，意味着刑法是最后一道防线，只有当道德、社会舆论、习惯等手段对有危害性的行为无法约束时，才能使用刑法对其进行制裁；第二层是刑法的不完整性，这意味着刑法并不是万能的，并不能覆盖到所有的领域，它的发动范围是有限度的；第三

〔1〕 孙鹏：《大数据时代个人信息保护的立法构建》，华东政法大学2015年硕士学位论文。

层是刑法的宽容性，宽容性的意思是刑法不是事无巨细地给予处罚，即使非刑罚手段没有充分对危害行为进行制裁，也并不是必须用刑法进行处罚〔1〕。

刑法宽容的思想是长久以来存在的，也在各国各代得到法学家、思想家的重视。正如贝卡利亚曾说过，“严峻的刑罚造成了这样一种局面：罪犯所面临的恶果越大，也就越敢于规避刑罚。为了摆脱对一次罪行的刑罚，人们会犯下更多的罪行。刑罚最残酷的国家和年代，往往就是行为最血腥、最不人道的国家和年代”。〔2〕贝卡利亚实际上强调的就是刑法应当具有宽容精神，批判了刑罚残酷性的不人道。许多学者对此现象进行了进一步研究，根据资料比对发现，惩罚与危害行为之间的关系变化并不那么简单。当统治者加大了刑罚惩罚的力度时，根据法社会学相关研究的结果显示，犯罪率确实会降低，并且在刑罚惩罚增加一倍的范围内，犯罪率都会随之一直降低，但是服从并不是这么简单地随之增加，甚至当刑罚惩罚超出增加一倍的范围时，新的服从增幅却越来越小。

并且这个新的服从增幅还会停滞，当刑罚惩罚力度不断增加达到极为严厉时，这个惩罚力度趋于饱和，相应的受惩罚的对象则产生了“惩罚抗体”，这些严厉的惩罚对他们而言没有震慑的作用，而统治者也因此失去了控制和威慑人民的手段，因为刑罚惩罚是最严厉的制裁措施，其他非刑罚手段更没有威慑力，此时的统治就失去了刑罚的保障。而受到过于严苛的刑罚处罚的人民不再畏惧制裁，人民往往选择反抗，直接造成社会动荡。正如马克思所说，“惩罚不应该比过错引起更大的恶感”。马克思认为刑罚是为了预防犯罪，因此在实施刑罚的过程中要时时保持人道主义精神，纠正社会的混乱状态，用适度的刑罚维护社会秩序，使社会回归正途。

---

〔1〕 周汉华：《探索激励相容的个人数据治理之道——中国个人信息保护法的立法方向》，载《法学研究》2018 年第 2 期。

〔2〕［德］乌尔里希·贝克：《再谈风险社会：理论、政治与研究计划》，载［英］芭芭拉·亚当等编著：《风险社会及其超越：社会理论的关键问题》，赵延东等译，北京出版社 2005 年版。

（二）秩序原则

法律不仅以自由为追求，还要以秩序为价值追求，在平衡个人自由与社会秩序的基础上实现公正，这正是立法活动的目标。刑法既要保持谦抑性，适当宽容避免刑法制裁范围过度，又要注意宽容的限度，避免宽容过度有损刑法的权威性。在自由与公正、宽容与适度之间探索秩序的实现是立法的目标追求，在对公民个人信息保护进行立法的过程中同时注意是否有利于秩序价值的实现。〔1〕

我国社会急速发展、数据化程度迅速增加，个人信息的价值越来越重要，信息流转是不可逆转的趋势，因此不能“一刀切”地阻断信息流通，而应当建立起完善的法律体制，形成有秩序的信息流通。对于信息时代的市场而言，个人信息是一种重要的资源，各方都进行信息资源的抢夺，拥有海量个人信息意味着在市场上更具有竞争力，这也是个人信息泄露严重的原因之一。这种利益导向致使个人信息屡受侵犯，而侵犯公民个人信息的行为也是一种不正当竞争行为，不利于市场的经济秩序稳定，因此立法必须对其进行规制〔2〕，在保持立法谦抑性的前提下，也要重视立法对秩序的维护，对侵犯公民个人信息的行为进行法律的规制，有效维护社会秩序，实现法律的秩序价值。

（三）效益原则

刑事立法通常以正义为导向，以预防犯罪为目的，但是不可因此忽略法律的效益问题，特别是目前社会经济不断发展，经济效益体现在方方面面，在立法时也要考虑到效益。刑事立法活动中不仅涉及伦理价值体系，还涉及经济价值体系，这两种价值体系相辅相成、缺一不可，既不能仅仅

---

〔1〕 叶良芳：《“两高”侵犯公民个人信息司法解释之研读》，载《浙江社会科学》2017 年第 10 期。
〔2〕 孙平：《系统构筑个人信息保护立法的基本权利模式》，载《法学》2016 年第 4 期。

考虑伦理价值而忽视经济价值，导致刑法的实施造成社会经济价值的大量损失，也不能过分追求经济价值而摒弃伦理价值，因为立法活动中伦理价值极为重要。必须在动态下平衡两种价值的比重，实现刑法效益的最大化，正如法谚所言："刑事立法变革史，其本质就是人们追求、争取更多的刑法效益的奋斗史。"

根据效益原则，在对公民个人信息立法保护的过程中，应当从以下两个方面来注意效益成本：第一个方面是，对侵犯公民个人信息的行为进行惩治时注意社会效益。风险社会下个人信息等大数据无处不在，侵犯公民个人信息的行为时有发生，如果对于每一个侵犯公民个人信息的行为都进行刑罚处罚，将大大浪费司法资源，并且也不利于社会秩序的稳定，因此立法应当把控在合适的程度。第二个方面是，惩治侵犯公民个人信息罪的过程中注重法律效益。刑法的目的主要还是在于预防犯罪、惩治犯罪，如果仅注重经济效益导致刑罚过轻，不利于法律效益的维护，不利于立法目的的实现。此外，对侵犯公民个人信息罪的立法时机的把控也很重要，能够实现立法效益的最大化〔1〕。对公民个人信息的保护是近几年兴起的，侵犯公民个人信息罪是2015年设立的，这是因为数据时代的发展使得个人信息日益重要，而风险社会下个人信息的泄露也越发严重，既危害个人利益，也严重损害社会利益。因此，及时进行公民个人信息保护的立法活动，在把控立法时机的前提下，能够有效预防侵犯公民个人信息的犯罪行为，维护社会秩序，实现立法经济效益和法律效益的平衡。

〔1〕 陈璐：《论〈网络安全法〉对个人信息刑法保护的新启示——以两高最新司法解释为视角》，载《法治研究》2017年第4期。

弱人工智能机器人的侵权责任认定与司法规制

王　辉　张修耘　余　聪*

人工智能作为一门新兴科学，其与基因工程、纳米科学共同称为二十一世纪的三大尖端技术，已成为国际竞争的新焦点和经济发展的新引擎。[1]很多国家及地区纷纷出台政策支持人工智能的发展，逐步从伦理规范扩展至对法律问题的研究。我国于2017年7月20日发布国家人工智能战略《新一代人工智能发展规划》，明确提出将人工智能发展置于国家战略层面，并在对人工智能理论、技术和应用作出前瞻布局的同时，还呼吁加强人工智能相关法律、伦理和社会问题研究，建立人工智能法律法规、伦理规范和政策体系。[2]

为切实解决现行法律规范在侵权行为认定与责任追究上的局限性、滞后性，本文立足于发展现状，在秉持现阶段人工智能仍缺乏独立的法律人格、不能或不能独立承担责任的前提下，探讨如何将主要以人类行为或一般产品为规制对象的法律体系在现代人工智能的语境下进行重构，合理界定智能机器人背后支配者的责任分担，并建议针对此类专业性和技术性强

* 王辉，上海市虹口区人民法院审委会专职委员，在民事、执行方面经验丰富；张修耘，上海市虹口区人民法院审判监督庭四级高级法官，在民事方面经验丰富。余聪，女，1992年生，中国计量大学经济法学硕士。2017年进入上海市虹口区人民法院工作，现为上海市虹口区人民法院审监庭司法行政人员，多次参与上海市高级人民法院调研课题、上海司法智库调研课题等任务并获奖。曾获全国法院系统第三十届学术讨论会征文三等奖。

〔1〕 参见国务院《新一代人工智能发展规划》（国发〔2017〕35号）第一部分。

〔2〕 张清、张蓉：《“人工智能+法律”发展的两个面向》，载《求是学刊》2018年第4期。

的案件，构建特殊的司法规制程序，以期通过法律有效化解风险、吸纳风险。

一、智能机器人风险与制度困境

智能机器人是人工智能运用的一种表现形式和有效载体，是“一种显示生理和心理组织但在生物意义上不存在的结构化系统”〔1〕，且该定义排除了现实世界中不运用任何组织的、完全基于软件的人工智能。笔者认为，目前，人工智能机器人可分为两类：第一类是“弱人工智能机器人”，其可能具有机器人的外观，并具备一定的认识学习能力和决策执行能力等综合智能，如无人驾驶车、无人机、生活服务智能机器人。第二类是“强人工智能机器人”（人造人），其具备独立自主意识并能创新创造，甚至可以在某种程度上超越人类智能。现有的机器人都属于弱人工智能机器人，本文亦是从此出发，对强人工智能机器人不再阐述。

“这是最好的时代，也是最坏的时代”，智能机器人既是人类社会的伟大文明，同时也带来了巨大的社会风险。〔2〕弱人工智能机器人具有深度学习和自主决策能力，可通过传感器和激光从所处的未知环境中获取特定的数据从而完成自我持续学习的过程，具有不可预测性以及潜在的不可逆性，使得即使是制造者也无法预知在特定的环境中其将做出何种反应。面对这一新兴工具，现行法律规则的不充分性和局限性也逐渐显现。

当前，智能机器人因自身产品瑕疵而给人类生命、健康权益造成损害的现象多见，尤其是无人机、自动驾驶汽车发生交通事故致人死亡，医疗机器人、工业机器人由于操作不当而对患者/职工造成伤害等。随着人工

〔1〕［美］迈克尔·弗兰金、［加］伊恩·克尔：《人工智能与法律的对话》，陈吉栋、董惠敏、杭颖颖译，上海人民出版社2018年版，第5页。

〔2〕吴汉东：《人工智能时代的制度安排与法律规制》，载《法律科学（西北政法大学学报）》2017年第5期。

智能技术的快速发展和广泛运用，我们有理由预见，在不久的将来，交通运输、医疗、看护、工业和服务业等诸多领域的各式各样的智能机器人将成为人类社会中司空见惯的事物。与此同时，智能机器人侵权纠纷也将成为类型化案件，其民事责任认定成为不可回避的问题。

自动驾驶汽车、医疗服务机器人、智能投资人等智能机器人的逐步推广，给相关领域带来广阔前景的同时，也蕴藏着巨大的社会风险，尤其是其给第三方造成的损害认定及责任承担问题亟待解决。传统的过错侵权和产品责任侵权陷入制度困境，无法有力应对，可能出现责任真空现象。

二、责任认定：弱人工智能机器人侵权行为要件分析

现行法的基本前提是，每个个人都为拥有独立人格的主体，基于其自主、自律的意思而行动，从而必须对其行为结果负相对应的法律责任（意思——行为——责任），私法自治、自我行为责任、过失责任主义等近代法的基本原则于此产生。智能机器人与人类的思维方法、非理性感情认知有相当差异，因而暂时认为其难以具有类似自然人的人格权利；即使通过法律拟制赋予其法律人格，范围也是有限人格，而不能独立承担责任，且尚未成为普遍性的制度安排。此外，以过错为原则的侵权责任体现了人的主体地位，其目的不仅在于填补损失，还有利用人之情感起到震慑惩戒之作用。最后，智能机器人在实际运作过程中经常会脱离人类的控制，这一现象也使得以人类行为者的注意义务为前提的过错侵权责任难以适用于因智能机器人的使用而产生的加害行为，因为智能机器人是独立自主地运作的，缺乏对其进行直接操作或者控制的特定个人。〔1〕

因此，为保证权利得到有效救济，须刺破人工智能的面纱，由其背后

〔1〕 司晓、曹建峰：《论人工智能的民事责任——以自动驾驶汽车和智能机器人为切入点》，载《法律科学（西北政法大学学报）》2017 年第 5 期。

的设计研发者、生产者、销售者或实际操作者来承担责任。即将智能机器人视为产品，对其给第三人造成的损害适用产品侵权责任。实践证明，这样的制度性安排也兼具可适性和可操作性。

传统的机器，无论多么先进，在评定法律责任时，都存在一个决定性的共同特征，即在每一个案件中，机器的功能和决策总是可以直接追溯到假借人类之手嵌入其中的设计、编程和知识，或者存在对机器施加控制的人类行为者。[1]这些机器，无论多么复杂，终归是为人类所使用的工具而已。今人工智能的发展已借由模仿人类大脑神经网络取得相当程度的认知、深度学习能力，可类似人类一般感知、取得外界资讯，并对此等信息加以解析、思考，最后作出决定并行动。然而，其决策模式经常被称为“黑盒子”。原因首先在于其并不像一般具有思想、感情的人类一般，可以表述清楚其为何作出如此决定，称之为不可解释性。当人工智能的学习能力越来越强时，其所为决定有可能超出开发者当初的想法或想象。机器人存在的此等不可解释性、不可预测性和学习能力，使得很难将人工智能机器人视作人类手中简单的工具，或一般的产品，这也是适用产品责任的困境所在。

（一）主体分担：研究设计者、生产者、销售者与实际操作者

在目前的法律框架下，人工智能机器人本身就其对第三人造成的损害不能独立担责，责任主体为所有参与机器人发明、授权、生产和使用过程中的主体。这种以侵权为基础的制度设计初衷，是迫使机器人系统的设计者与生产者将人工智能侵权成本内部化，督促系统的设计者、参与者、生产者自觉履行安全性义务，保证受害者能够寻找到主体获得补偿。

另外，人工智能机器人在收集资料、自我学习并作出决策后，由于不

---

〔1〕 司晓、曹建峰：《论人工智能的民事责任——以自动驾驶汽车和智能机器人为切入点》，载《法律科学（西北政法大学学报）》2017 年第 5 期。

可预测、不可解释等特性，可能导致无法将事故的责任分配给设计生产者等既有法律主体，尤其是在不能具体确定是基于设计、生产或操作的哪一环节的过错之时。此时就出现事故或损害已经发生，却无人可为此负担责任之责任真空状态。

（二）行为界定：探究类似行为背后原因的差异

机器人侵权行为的路径表面上都是相似的，即机器人作为一个有形实体给相对方造成生命、健康或财产损失，但机器人为何做出此种行为，值得探究。可能是机器人创制者的技术漏洞，抑或智能机器管理人的不当使用；甚至可能是人工智能系统超越原控制方案的“自身行为”。在这种情况下，就必须对机器人的过错行为原因进行分析，以查找侵权主体构成并分担赔偿责任。

（三）因果关系：不可解释性、不可预测性及自我学习能力致使因果关系难以认定

人工智能的深度学习与应用主要依靠的是各种复杂的算法与数据记录应用，在运用算法的过程中，很难保证人工智能的每次独立自主行为均能作出合理合法的价值判断。[1]算法标准有待清晰，尚未达到公开透明程度。在运算过程中，很有可能发生程序误解、传译错误、利用理论不适当、参考数据不足等情况，加上演算过程中存在许多无法解释演算类型之因素的影响，或难以解释选择归纳演算因素类型是否正确，致使演算过程在理解、解释上存在一定的技术性障碍。另外，智能机器人的一个重要特征在于其自带学习和适应能力，在侵权行为发生后，其仍然处于持续学习状态，即便是设计者、制造者都无法准确预计其运算路径。

因此，基于人工智能机器人的不可解释性、不可预测性及自我学习、

〔1〕 袁曾：《人工智能有限法律人格审视》，载《东方法学》2017年第5期。

自我决策能力，使得人们事后探究机器人事故发生的决策逻辑和决策过程变得异常困难。发生事故、造成损害之后，无法对事故本身进行解释，无法确定损害究竟是研发设计、生产、销售与操作中的哪一环节存在缺陷或不当，抑或因智能系统本身因难以为设计者所预测到的特殊经历而自我决策造成的。[1]是故，为平衡被侵权人合法权益与避免设计生产人员遭受过于严苛责任追究二者之间的价值，法官必须谨慎认定是否存在因果关系，以及过错或责任具体归属于哪一方主体。

（四）归责原则：依据主体要求性不同，分别适用

依据我国现行法律规范对产品责任的规定，因产品存在缺陷造成他人损害的，被侵权人可以向产品的生产者或者销售者请求赔偿。通说观点主张，产品责任属于无过错的严格责任，只要产品存在缺陷，生产者就应当承担侵权责任，无须证明其存在过错。实际上，产品的生产者与销售者之间承担的是不真正连带责任，被侵权人可以选择向产品的生产者或者销售者请求赔偿，但由过错方承担最终责任。《侵权责任法》（已废止）对智能机器人研发设计者的责任未作规定，但其是整个生产链的第一道关卡，必须尽到高度的谨慎、注意义务，承担严格责任。首先，在设计的环节中，无论是由于过错还是非过错，只要产品出现非生产性缺陷，设计者一般都要担责。其次，对于销售者而言，应承担过错责任，如果智能机器人的责任是由其过错导致的，或其未尽到合理的告知义务，应就损害承担责任。最后，对于产品操作者而言，其过错程度相对较低。在设计归责原则时，可以设定为过错或过失，要求操作者在实际运用过程中尽到法定的或者行业规定的注意义务，考察有无违反技术性规范，是否对产品进行定期维修和保养等行为，以判断其主观状态。

---

[1] 司晓、曹建峰：《论人工智能的民事责任——以自动驾驶汽车和智能机器人为切入点》，载《法律科学（西北政法大学学报）》2017年第5期。

在现行的法律体系中，无过错责任是例外。未来人工智能的普及，责任真空状态应会不断蔓延，处处需要无过失责任予以规制，结果可能导致无过失责任反而变成原则。若此，无过失原则的法律性质可能转变成一种社会救济或社会保障。其基本思考模式是，既然人工智能发展可给社会带来莫大益处，则其因此可能产生的风险，亦应该由全民共同承担，因其受损害之人应由全民补偿其损失。

值得注意的是，若损害是因人工智能系统特殊经历造成的，而该经历远难为设计者所预测，不能归因于制造商、所有人、使用者等特定法律主体时，该当如何解决？具体来说，现行产品质量法所规定的法定免责事由，即当生产者能够证明侵权行为的发生在将智能机器人投入市场流通时，依据现有的科学技术尚无法发现的缺陷所导致的，现行法规定是免除行为人的严格责任。从法理层面，若严格适用无过错责任，也确实有违公平正义，也不利于保护创新。面对实际存在的权利损害，又如何设定新的规则来救济被害人，成为当前不得不思考的问题。除了实行保险金、基金制度，对智能机器人进行登记、建立跟踪监查机制之外，于实证法层面赋予其一定的有限人格恐为必然选择。

三、司法规制：构建科学的审理程序

鉴于智能机器人侵权纠纷在事实认定上呈现出复杂性、困难性的特征，本部分以程序法为角度、立足现有司法资源，着重从审理组织、保全以及举证等角度进行阐述，以提高司法应对此类纠纷之能力。

（一）强化法院认定技术性事实能力

智能机器人侵权案件在现阶段尚未成为普遍性事件，随着科技发展，在未来成为类型化案件不难预见。为此，配合其发展及利用情况不同，考虑现有司法资源、司法成本与制度成效，通过阶段性地引入、适用不同的制度，实现案件妥善解决与司法利用最大化的双重效果。

1. 组建专业化审判团队

目前，审判团队改革是司法改革的重点之一，是人民法院完善审判权力运行机制，优化司法资源配置，提高审判质量效率的重要举措。考虑到目前机器人侵权事件总体上较少，故可机动组建专项团队，由兼具专业领域知识技能的法官审理相应案件，在未来类型化案件增多时，再视情况斟酌是否具有必要性和可行性，组建相对固定的专业化审判团队，实行类案专审，提高审判质效。

基于目前案件少且复合型人才稀缺的现状，对该类案件可以指定某一法官进行专项审理，但是要在办案系统内全程留痕。要建立符合案件特点的审判权运行机制，实行法官联席会议和专业法官会议制度，一是有利于监督，二是提升案件审理质量。完善相关的配套措施，构建科学的技术性事实审查认证体系，加强专业化保障。[1]此外，由于该类案件具有高度复杂性，鉴定、认定花费时间必然较长，故需实施合理的法官业绩考核机制，根据案件实际情况进行评价。

2. 吸收专业陪审员

对类型化案件进行类型化审理固然是最佳选择，但具有相关技术性知识背景的复合型法官稀缺，因此可以建立专家咨询制度。在全省、市，甚至全国范围内建立机器人领域的技术专家咨询库，在侵权案件发生后，可根据需要任命专家咨询库成员为人民陪审员，或在具体案件中担任专家辅助人或咨询专家。

专家陪审员在诉讼中就事实认定、法律适用与职业法官具有同等的权利义务。专家陪审员通过直接参与庭审，全面接触案件争议焦点，保持中

〔1〕 李兆杰、牛艳：《专业化审判改革的实践检视及优化路径——基于专业化审判典型法院和103份调查问卷的研究》，载《时代法学》2017年第4期。

立性，可就技术认定作出客观结论，且可减少当事人的成本支出。当然，为解决对专家陪审员选拔、监督等质疑，应明确陪审员的选任标准、扩大筛选范围、限定个人陪审员任期、参审数量，随机抽选个案陪审员，精细化参审方式，加强监督、完善惩戒规则等。

3. 引入技术调查官制度

技术调查官制度是一项重要的技术事实查明机制，首先试点适用于知识产权领域，且现已通过司法解释确立为一项正式性制度。

区别于专家陪审员，技术调查官属于审判辅助人员。在审理专业性较强的机器人侵权案件中，法院可以指派技术调查官辅助审判。作为法官的技术助手，其主要协助法官查明案件所涉的专业性技术问题，为案件的审理提供技术支持。技术调查官根据法官的指派，可以参与调查取证、勘验、保全、询问、听证以及庭审，并提出技术调查意见。同时，为保障当事人程序利益，对技术调查官同样也适用回避制度，参照适用法官回避规定。为强化监督，在裁判文书中可以通过署名的方式对技术调查官在案件中发挥的作用予以体现。技术调查官负有客观中立、如实进行调查之法定职责，对其故意出具不实调查意见的应依法进行追究。

技术调查官作为司法辅助人员，其出具的技术调查意见相比于当事人委托的鉴定意见而言可采性较高，但是仍不能直接作为认定案件事实的根据，应当由法官根据全案情况依据自由心证来判断。换言之，技术调查意见不属于证据，仅对法官认定技术事实起到参考作用（如图所示）。

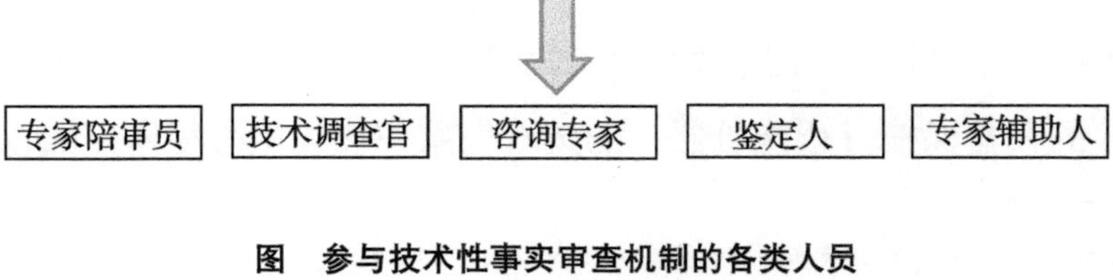

图　参与技术性事实审查机制的各类人员

（二）完善程序保全规则：平衡双方合法利益

我国现行的证据保全分为诉前和诉中两类，诉前保全主要针对情况紧急，在证据可能灭失或者以后难以取得的情况下，其他程序参照财产保全的规定。对此，部分学者指出，由于证据保全和财产保全在目的、要件以及方法上都有所区别，二者性质迥异。证据保全乃预先进行的证据调查程序，与正式的证据调查程序具有同一的性质；保全乃暂时的、假定的确定私权之程序，与本案审理程序具有同一法的性质。[1]为此，学者对“参照适用”提出批评。本文对此不再详述，主要针对机器人侵权诉讼行为的特点，提出完善建议。

须明确的是，由于智能机器人具有自主学习的特点，在事故发生后，及时记录、固定其行为状态是关键问题。这一点上，该类案件的诉前证据保全，相比其他案件更为必要。适用条件方面，诉前保全的适用条件过于单一，可借鉴域外经验，在申请人就确定事物之现状有法律上利益并有必要时，向法院申请保全。有无法律上之利益，以申请保全之证据在侵权认定中的重要性为标准，在认定有法律上利益后，法院须衡量申请人因证据保全所得利益与被申请人因此可能遭受的技术信息泄密之间的价值，以判断有无必要性。保全申请时间方面，现行诉前证据保全，情况紧急的，法院应在48小时内作出裁定。本文认为基于机器人侵权的现实紧迫性，法院应负有在更短的时间内进行审查并作出裁定的义务。保全方法方面，由于机器人侵权涉及的专业性和技术性，法院在作出保全裁定时，可以指派技术调查官或鉴定人参与。就具体的保全方法，由技术人员依据智能机器人类型、程序和算法不同自由决定，此即其职业范围。需要注意的是，在此过程中，不能忽视对被申请人的权益保护。智能机器人的技术信息一般属核心秘密，故在证据保

〔1〕 占善刚：《证据保全程序参照适用保全程序质疑——〈中华人民共和国民事诉讼法〉第81条第3款检讨》，载《法商研究》2015年第6期。

全有侵害被申请人或第三人技术信息时，可以请求法院发出秘密保持命令，限制实施保全的在场人员，并就保全所得证据资料妥善保管，禁止或限制观看。此外，法院可要求申请人以及其代理人负有诚实信用义务，不得向案外人公开案件保全情况。

证据保全之目的在于防止证据减损，协助当事人及法院梳理案件事实，促进诉讼。在机器人侵权诉讼中显得尤为重要，应当强化诉前保全在固定证据中的作用，借助专业人士的技术支持，采用多种保全方法以尽快完成保全工作。同时，对被申请人的合法权益予以谨慎保护，防止因恶意、虚假申请，发生窃取被申请人信息技术的情况。

（三）实行举证责任倒置：弥补原被告于信息技术上的信息差

这里举一个国外案例，Mracek v. Bryn Mawr Hospital 案。原告 Mracek 于 2005 年 6 月在 Bryn Mawr Hospital 接受前列腺切除手术，实际执行手术的是个名为 Da Vinci 的机器人。在手术过程中，该机器人由于资讯错误而无法正常运转，即使是人类手术团队也无法恢复。为此，手术团队不得不亲自动手完成这台手术。但术后，原告发现他的尿液里含有大量的血，病状相比手术之前并未有所减轻，还遭受了更为严重的疼痛。因此，Mracek 提起诉讼，要求医院（后撤回对医院的起诉）和机器人制造公司赔偿损失，并且提起包括严格产品责任和过失侵权责任在内的多项主张。初审法院同意了机器人制造公司的简易判决的提议，并裁定认为原告并不能证明损害与机器人故障之间存在因果关系。巡回法院认可了初审法院的裁决，认为原告并不能证明这款机器人存在造成他损害的缺陷，或是这款机器人在离开制造公司控制时就存在这一缺陷。此外，本案还涉及专家证人问题，法院要求原告提供专家证人以证明智能机器人确有缺陷，而在当时的情况下，原告限于经济和成本问题无法提供。本案鲜明地展现了原被告之间在智能机器人技术上的信息差。

在智能机器人侵权诉讼中，一般由被侵权人作为原告举证证明行为、过错（严格责任除外）、损害结果及因果关系。如上所述，要求原告证明智能机器人存在缺陷，且行为与其损害之间存在因果关系，实具有较高的难度，且花费成本较高。因此，可以考虑举证责任倒置，由占据信息、技术优势的被告就其行为与损害之间不存在因果关系举证证明，举证不能达到证明标准的，承担不利后果。以此规定，既可减轻原告的举证负累，也可倒逼系统的设计者、生产者、利用者自觉履行安全性义务。甚至考虑到人工智能产品侵权的特殊性，在判断因果关系时，可以直接推定人工智能产品侵权与侵害结果之间有某种内部联系，进而对责任进行具体化分析。[1]实质上，这是由全社会共担人工智能创新所带来的风险。

结语

现今，人工智能的进化处于初步阶段，其虽具有深度学习和自主决策能力，但仍是增加人类的智能，尚未达到拥有独立智能的高度。因此必须准确界定人工智能和背后支配的人，在个案中对事故发生的原因力大小。一方面，防止人工智能成为人类错误或疏忽的保护伞；另一方面，避免产生寒蝉效应，若系统开发者、生产者或操作者在其产品开发、生产、嗣后的维护以及利用过程中，并未出现过失，那么法律令其负责不仅失之偏颇，而且会在一定程度上打击科技创新的动力。

---

〔1〕 张保生：《人工智能法律系统的法理学思考》，载《法学评论》2001年第5期。

图书在版编目（CIP）数据

刑事政策论坛．第七辑/严励主编．—北京：中国法制出版社，2022.12

ISBN 978-7-5216-3218-7

Ⅰ.①刑… Ⅱ.①严… Ⅲ.①刑事政策—中国—文集 Ⅳ.①D924.04-53

中国版本图书馆 CIP 数据核字（2022）第 250797 号

策划编辑 陈 兴（cx_legal@163.com）
责任编辑 孙 静 封面设计 蒋 怡 杨鑫宇

刑事政策论坛（第七辑）

XINGSHI ZHENGCE LUNTAN（DI-QI JI）

主编/严励
经销/新华书店
印刷/北京虎彩文化传播有限公司
开本/710 毫米×1000 毫米 16 开 印张/14 字数/161 千
版次/2022 年 12 月第 1 版 2022 年 12 月第 1 次印刷

中国法制出版社出版
书号 ISBN 978-7-5216-3218-7 定价：59.00 元

北京市西城区西便门西里甲 16 号西便门办公区
邮政编码：100053 传真：010-63141600
网址：http：//www.zgfzs.com **编辑部电话：010-63141787**
市场营销部电话：010-63141612 **印务部电话：010-63141606**

（如有印装质量问题，请与本社印务部联系。）